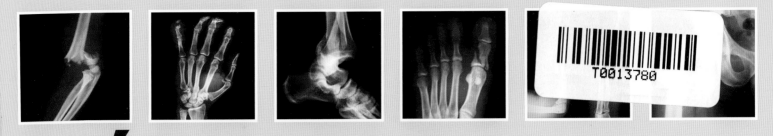

CÓMO FUNCIONA TU CUERPO

PANAMERICANA
EDITORIAL
Colombia • México • Perú

Canavan, Thomas
        Cómo funciona tu cuerpo / Thomas Canavan ; traductora
Alejandra Muñoz Solano. -- Editor Leonardo Realpe Bolaños. --
Bogotá : Panamericana Editorial, 2015.
        128 páginas : ilustraciones ; 28 cm.
        Título original : How your body works.
        ISBN 978-958-30-5045-9
        1. Anatomía humana 2. Cuerpo humano 3. Fisiología humana
I. Muñoz Solano, Alejandra, traductora II. Realpe Bolaños,
Leonardo, editor III. Tít.
611 cd 21 ed.
A1508647

        CEP-Banco de la República-Biblioteca Luis Ángel Arango

Primera edición en Panamericana Editorial Ltda., enero de 2016
Título original: How Your Body Works
© Arcturus Holdings Limited
© 2015 Panamericana Editorial Ltda. de la versión en español
Calle 12 No. 34-30
Tel.: (57 1) 3649000, fax (57 1) 2373805
www.panamericanaeditorial.com
Bogotá D.C., Colombia

Créditos fotográficos:
Abreviatura: a-arriba, m-medio, i-izquierda, d-derecha, b-debajo
Todas las imágenes son tomadas de Shutterstock, excepto:
Corbis: p. 65 bi; Corbis/Christian Hartmann: p. 98 b. iStock.com: p. 29 bd.
Science Photo Library: p. 76 i, p. 94 ai, p. 50 m (Michael Abbey),
p. 81 bi (John Bavosi), p. 108 mi (Biophoto Associates), p. 81 bd,
p. 95 ai (Steve Gschmeissner), p. 3 (Dorling Kindersley),
p. 97 mi (Jacopin/BSIP), p. 77 a (Laboratory of Molecular Biology/MRC),
p. 82 i (Medical RF.com), p 91 mi (Omikron).

Editor
Panamericana Editorial Ltda.
Edición
Leonardo Realpe Bolaños
Texto
Thomas Canavan
Traducción del inglés
Alejandra Muñoz Solano
Diseño
Elaine Wilkinson
Diseño de cubierta
Notion Design
Diagramación
Rafael Rueda A.

ISBN 978-958-30-5045-9

Contenido

CONSTRUIR

EL CUERPO

Tu cuerpo es como una máquina con los motores listos para arrancar. Pero es más asombroso que cualquier máquina. Solamente piensa en todas las acciones increíbles que tu cuerpo puede hacer: trepar árboles, montar en bicicleta, armar rompecabezas. ¡Es sorprendente!

Tu cuerpo es especial porque es totalmente diferente al cuerpo de los demás, a pesar de que está hecho de los mismos materiales básicos que los demás cuerpos. Alto o bajo, blanco o negro: cada uno de nosotros es un ser humano y estamos hechos exactamente con los mismos ingredientes. La diferencia está en la manera como esos ingredientes se han mezclado.

Tu cuerpo no ha terminado de crecer y cambiar. Solo piensa en todas las actividades que tú y tus amigos pueden hacer ahora, y todas las que podrás hacer cuando seas mayor.

TODO DEPENDE DE LA MEZCLA

Todo lo que ves a tu alrededor está hecho de un grupo de materiales básicos llamados elementos químicos. Tu cuerpo también está hecho de esos elementos. Una mezcla maravillosa de diferentes partes de materia que se juntan para hacer… ¡tu cuerpo!

EN TU ELEMENTO

Los científicos han identificado 118 materiales químicos básicos diferentes. Más del 99 % de tu cuerpo está hecho de solo 6 de esos elementos. Algunos de ellos trabajan por sí mismos y otros tienen tareas especiales. Otros forman equipos para construir tu cuerpo y mantenerlo sano.

Oxígeno (61 %)
Fluye a través de la sangre para darte energía.

Carbono (23 %)
Un bloque constructor para cada célula de tu cuerpo.

Nitrógeno (2,6 %)
Importante para el crecimiento y la digestión.

Hidrógeno (10 %)
Junto con el oxígeno, el hidrógeno forma el agua que se encuentra en todo el cuerpo.

Calcio (1,4 %)
Ayuda a formar los dientes y los huesos mientras cuida los músculos.

Fósforo (1 %)
Como el calcio, ayuda a mantener los huesos y dientes fuertes.

Otros elementos (1 %)

EXTRAS AÑADIDOS

Los elementos que conforman el 1% restante de tu cuerpo se conocen como oligoelementos. Una dieta saludable otorga a tu cuerpo todos los oligoelementos que necesita extraer de la comida. Por ejemplo, la sal contiene sodio y cloro. La carne y el pescado tienen hierro. El potasio puede obtenerse de frutas, como el banano. A veces, algunos oligoelementos importantes se añaden a comidas y bebidas particulares; el yodo se le adiciona a la sal y muchos cereales para el desayuno tienen hierro añadido.

La sal es importante para la digestión y ayuda a equilibrar los fluidos de tu cuerpo.

El hierro transporta oxígeno por todo el cuerpo y le ayuda a almacenarlo y usarlo.

El potasio ayuda a regular el almacenamiento de agua de tu cuerpo.

ACTIVIDAD

Toma un cereal fortificado para el desayuno y fíjate en los ingredientes añadidos. Macera un poco de cereal en un cuenco y viértele agua. Luego revuelve la mezcla con una barra magnética. Ahora, observa el imán. El "polvo" negro que cubre la barra es hierro.

¡Un cuerpo humano promedio contiene la cantidad de carbono necesaria para hacer

900

lápices!

COMPOSICIÓN DEL CUERPO

En la escala más minúscula, tu cuerpo está hecho de átomos, unas partículas diminutas no vivas de elementos como el hierro o el oxígeno. Los átomos se unen entre sí para formar moléculas. Las moléculas tampoco están vivas. Se requieren millones de moléculas organizadas en una forma muy específica para crear el organismo vivo más pequeño: la célula.

Sistema muscular

Sistema óseo

¡SISTEMAS LISTOS!

En una escala mayor, tu cuerpo está hecho de sistemas. Cada sistema cumple una labor específica. El armazón de huesos que funciona como soporte de tu cuerpo es el sistema óseo. Los tubos que transportan la sangre del corazón a todo el cuerpo constituyen el sistema circulatorio. Todos los sistemas trabajan juntos para que tu cuerpo funcione bien.

Sistema respiratorio

Sistema circulatorio

Sistema digestivo

TRABAJO EN EQUIPO

Existen más de 200 tipos de células en tu cuerpo y cada una tiene una tarea particular. Las células de un tipo se unen para construir tejidos. ¡Los tejidos son los verdaderos trabajadores de tu cuerpo! El tejido muscular está hecho de células musculares y sirve para empujar y halar. Otros tipos de tejidos hacen labores importantes.

TODO EN ORDEN

Dos o más tipos de tejidos pueden combinarse para formar órganos. Los órganos son las partes principales de tu cuerpo, como los ojos, los riñones y el corazón. Los grupos de órganos se llaman sistemas.

¿De qué estás hecho?

LOS ÁTOMOS forman

MOLÉCULAS, que forman

CÉLULAS, que forman

TEJIDOS, que forman

ÓRGANOS, que forman

SISTEMAS, que forman

¡TU CUERPO!

El cuerpo de un ser humano contiene cerca de

¡37 billones de células!

Si cada célula fuera un grano de arena, se necesitarían 330 camiones para almacenarlas.

VOLVER A LO BÁSICO

Tus células están trabajando constantemente. Toman nutrientes (ingredientes importantes) de la comida que ingieres para transformarlos en energía. Desempeñan muchos trabajos especializados. Por ejemplo, combaten las enfermedades y eliminan los desechos. También almacenan información para el futuro —cuánto vas a crecer, si tendrás el pelo rizado o liso y cuáles características heredarás a tus hijos—. Las células también deben reproducirse, ¡una tarea más para su lista de labores!

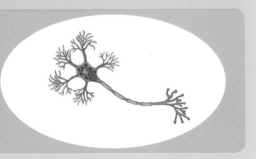

Las células no viven el mismo tiempo que la persona de la que hacen parte. Algunos tipos de células viven pocos días, otras hasta un año.

HECHAS A LA MEDIDA

Dependiendo de su posición y de su función, las células tienen formas diferentes.

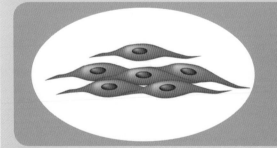

CÉLULAS MUSCULARES
Estas células son alargadas y en forma de tubo. Pueden cambiar su forma contrayéndose (encogiéndose para hacerse más cortas). Cuando muchas células musculares se contraen a la vez, hacen que tu cuerpo pueda moverse.

NEURONAS
Estas células son largas y delgadas, tienen terminaciones ramificadas para transmitir mensajes a otras células. Se conectan unas con otras para que la información sea enviada rápidamente hacia todo el cuerpo.

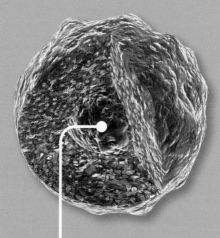

"MINIÓRGANOS"

Cada una de tus células contiene partes especiales llamadas orgánulos que cumplen tareas para mantener a la célula activa. Algunos funcionan como pequeñas fábricas, produciendo moléculas útiles para la célula. Otras transportan moléculas de un lugar a otro. Las proteínas son un tipo de molécula muy importante.

COMANDO CENTRAL

La oficina principal de la célula se llama núcleo. El núcleo contiene una proteína de gran importancia llamada ADN. Este es el código especial que da instrucciones a la célula sobre qué hacer y cómo desarrollarse. Entonces, el núcleo es quien dirige el crecimiento de la célula y también su momento de morir.

Retículo endoplasmático: ayuda a la célula a fabricar y transportar sus moléculas.

Ribosomas: fabrica las proteínas de la célula.

Centriolos: importantes en la reproducción celular.

Núcleo: donde se almacena el ADN.

Aparato de Golgi: clasifica, organiza y transporta moléculas a los lugares necesarios dentro de la célula.

Membrana plasmática: protege la célula y permite la entrada de materiales útiles.

Mitocondria: transforma la energía de la comida para que la célula pueda utilizarla.

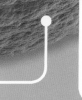

Primeras semanas

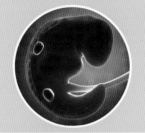

▲ 4 semanas

Eres una pequeña masa del tamaño de una semilla de amapola.

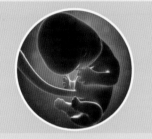

▲ 8 semanas

Tu corazón comienza a latir y tu cuerpo comienza a formarse.

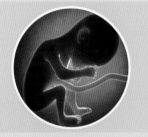

▲ 16 semanas

Mides unos 10 centímetros.

24 semanas

Tu pelo comienza a crecer, duermes y te despiertas con frecuencia.

36 semanas

Tienes cada vez menos espacio y estás casi listo para nacer.

PEQUEÑOS INICIOS

Tu cuerpo tiene alrededor de 37 billones de células ahora, pero increíblemente al principio eras una sola. Esta célula se dividió en dos, y en el curso de nueve meses las células siguieron dividiéndose una y otra vez. Durante esa división pasaste de ser un pequeño amasijo a uno más grande hasta convertirte finalmente en un ser humano completo.

EN EL VIENTRE

Todo este crecimiento sucedió en el vientre de tu madre durante cerca de nueve meses antes de que estuvieras listo para nacer. Durante ese tiempo tus órganos se desarrollaron y comenzaste a crecer. En el interior del vientre dependías de tu madre para recibir alimento y oxígeno, que llegaban de la placenta a través del cordón umbilical, que es como un tubo que se conectaba con tu estómago.

Una futura madre puede sentir las patadas del bebé desde los cuatro meses de embarazo.

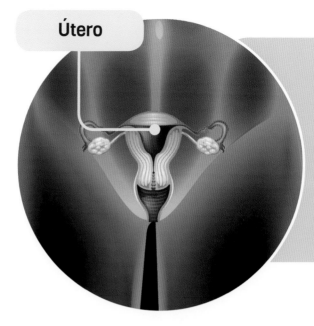

Útero

ANTES DE EXISTIR

Cada mes, un óvulo del tamaño de la cabeza de un alfiler se libera en el interior del útero de tu madre. Este óvulo está listo para ser fecundado, es decir que puede combinarse con un espermatozoide de tu padre. Sin embargo, si no encuentra un espermatozoide en su camino, el óvulo sale del cuerpo.

LA CARRERA POR EL ÓVULO

Alrededor de nueve meses antes de que nacieras, una carrera asombrosa tuvo lugar: 300 millones de espermatozoides, producidos por tu padre, nadaron a través de tubos especiales para alcanzar el óvulo de tu madre. Y solamente uno de ellos logró atravesar la membrana del óvulo —una capa que lo protege— para que juntos, el óvulo y el espermatozoide, formaran una sola célula fecundada llamada cigoto.

NUEVE MESES

El cigoto creció y se dividió una y otra vez... durante los nueve meses de desarrolló en el vientre materno. Los humanos somos criaturas complejas, por eso necesitamos un periodo largo antes de nacer. Algunos seres se tardan aún más: los elefantes pasan dos años en el vientre de la madre.

EL ÓVULO SE ENCUENTRA CON EL ESPERMATOZOIDE

Primero, los espermatozoides entran al útero.

Solamente unos 200 de ellos llegan al óvulo.

Uno de los espermatozoides atraviesa la membrana del óvulo.

El núcleo del espermatozoide se funde con el del óvulo.

RECIÉN NACIDO

Imagínate pasar nueve meses en un espacio que parece hacerse cada vez más pequeño porque tú te haces más grande. Ese es el momento de nacer. La situación ya es incómoda para ti y tu madre. Ya no puedes permanecer ahí dentro: es hora de salir al mundo. ¡Y es tu cumpleaños!

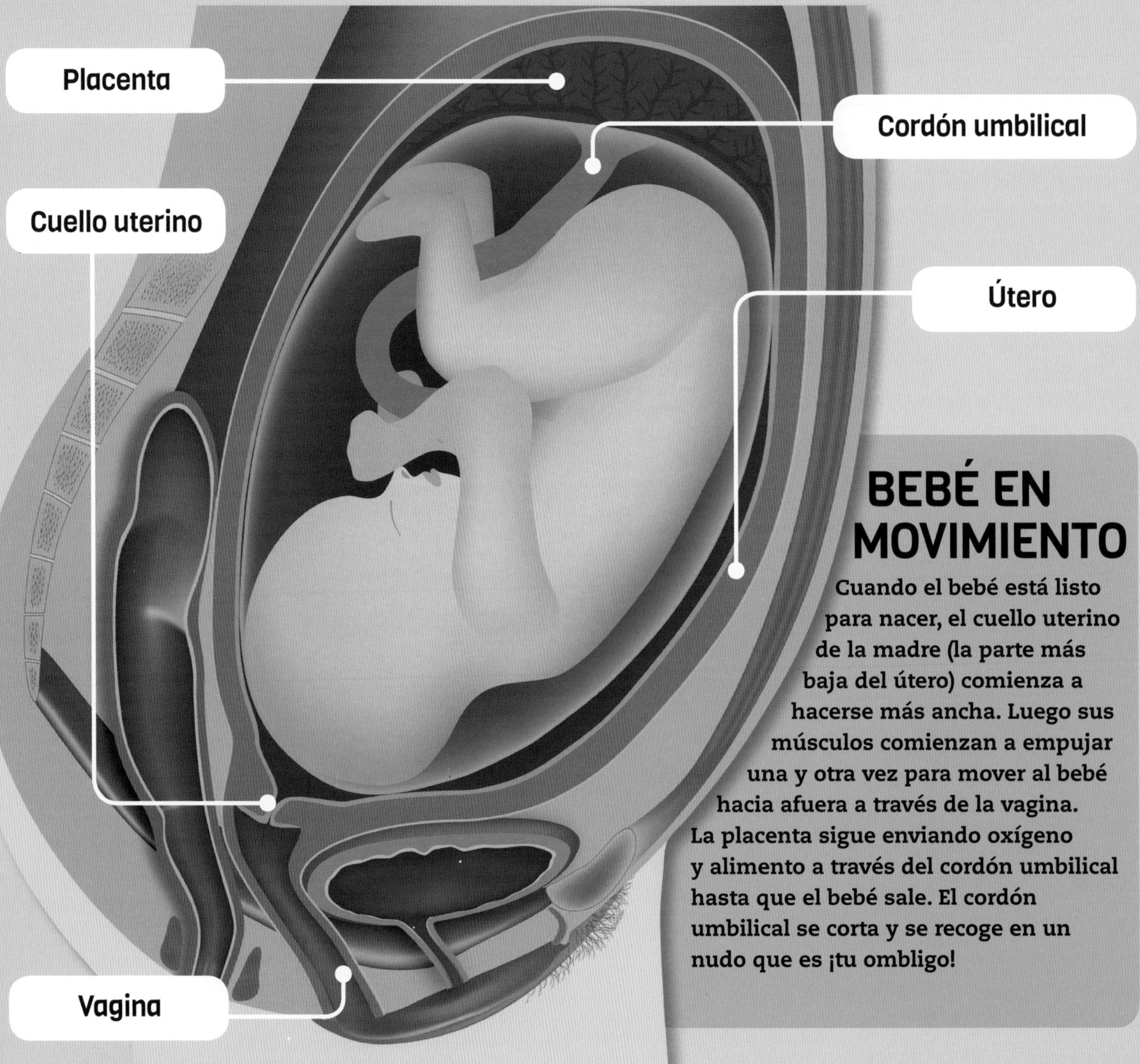

Placenta

Cordón umbilical

Cuello uterino

Útero

BEBÉ EN MOVIMIENTO

Cuando el bebé está listo para nacer, el cuello uterino de la madre (la parte más baja del útero) comienza a hacerse más ancha. Luego sus músculos comienzan a empujar una y otra vez para mover al bebé hacia afuera a través de la vagina. La placenta sigue enviando oxígeno y alimento a través del cordón umbilical hasta que el bebé sale. El cordón umbilical se corta y se recoge en un nudo que es ¡tu ombligo!

Vagina

¡FELIZ CUMPLEAÑOS!

El primer sonido que emitiste fue un grito, no porque estuvieras asustado o triste: fue para probar que tu nariz, boca y pulmones pudieran respirar. Durante los anteriores nueve meses respirabas a través del cordón umbilical.

LA LECHE MATERNA

Poco tiempo después de nacer, recibiste tu primera comida del pecho de tu madre o de un tetero. Los bebés recién nacidos no ven muy bien, pero aprenden a reconocer el olor de su madre rápidamente y se reconfortan con su alimento y cuidado. Después de nacer, recibiste todos los nutrientes necesarios en forma líquida.

UN NUEVO MUNDO

¿Te imaginas conocer todo lo que te rodea de una sola vez? Al principio, el mundo seguramente era un lugar extraño para ti. Los bebés se tardan uno o dos meses antes de poder enfocar: primero comienzas a "escuchar" las fotos y "ver" la música.

2 años
Aprendes a caminar

8 años
Creces alrededor de
5 centímetros al año

14 años
Pubertad

25 años
Óptima condición
física

45 años
Edad madura

75 años
Vejez

CRECER

Comenzaste a crecer desde el momento en que el espermatozoide de tu padre fecundó el óvulo de tu madre. Ahora estás creciendo y seguirás creciendo hasta los 18 o 19 años. Pasarás por varias etapas antes de convertirte en un adulto. Luego, hacia la mitad de tu vida, comienzas a notar que te haces mayor.

EL TRAYECTO DE LA VIDA

De niño, te haces consciente de tu propio cuerpo. Cuando tienes 6 meses, sentarse es todo un reto. Menos de dos años más tarde, ya eres capaz de pedalear un triciclo. Cuando tienes 20 años, alcanzas tu altura máxima. A los 40 años, llegas a la edad madura y a los 75 eres anciano.

DE PIE

Probablemente diste tus primeros pasos cuando tenías un año. Primero gateaste, luego te paraste apoyándote sobre objetos. A través de la experiencia aprendiste cuáles eran los obstáculos que te podían hacer caer.

GRANDES CAMBIOS

Cuando tienes cerca de 12 años, comienza un gran cambio llamado pubertad. Es el momento en el que los niños se convierten en adultos. Todavía estás creciendo, pero tu cuerpo comienza a adquirir una forma similar al cuerpo de un adulto. Y no es solamente la apariencia. La voz de ambos se torna más grave, aunque la diferencia es más acentuada en los hombres.

NIÑOS

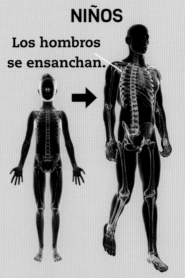

Los hombros se ensanchan.

Salen pelos en el cuerpo.

NIÑAS

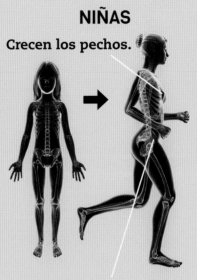

Crecen los pechos.

Las caderas se ensanchan.

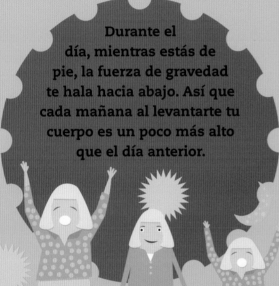

Durante el día, mientras estás de pie, la fuerza de gravedad te hala hacia abajo. Así que cada mañana al levantarte tu cuerpo es un poco más alto que el día anterior.

LA CRUDA REALIDAD

Una de las pistas más claras de que una persona está llegando a la edad madura está en su cabeza. La mayoría de los hombres y de las mujeres comienzan a tener algunas canas e incluso todo el pelo gris o blanco. Muchos hombres pierden pelo, generalmente en la frente y la coronilla.

LENTITUD

Incluso las personas más saludables comienzan a moverse más lentamente cuando entran en la vejez. Los cuerpos ya no se recuperan tan velozmente de las lesiones. Moverse toma más tiempo porque los músculos y huesos ya no son tan fuertes.

ERES ÚNICO

Existen 7000 millones de personas en el mundo, pero ninguna de ellas es exactamente como tú. Tu cuerpo es distinto al de todos los demás. Eso es conveniente porque demostrar quién eres es importante. La información sobre las características únicas de tu cuerpo se llama biometría y se usa de muchas formas.

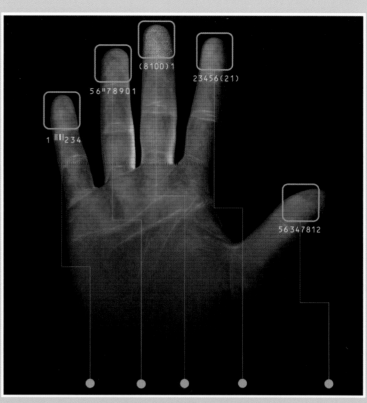

Las personas pueden identificarse por sus huellas dactilares.

SU IDENTIFICACIÓN, POR FAVOR

Cada año, importantes organizaciones descubren nuevas formas de verificar la identificación de las personas. Estas revisiones evitan que otras personas se hagan pasar por ti. Hace cien años, un banquero confiaría en reconocer tu cara para permitirte retirar dinero de tu cuenta. Hoy en día, la cuestión es más avanzada. La identificación biométrica puede reconocer diferentes partes del cuerpo, como las manos, las huellas dactilares (imagen de arriba) y la cara a través de cámaras y escáneres. Este tipo de tecnología puede incluso estar disponible en algunos teléfonos inteligentes.

Reconocimiento facial

FIRME AQUÍ

Algunos especialistas son capaces de identificar a una persona observando detenidamente su caligrafía. ¿La letra es grande o pequeña? ¿Está ladeada o es recta? Aunque trates de cambiar la manera como escribes, los expertos lo notarán.

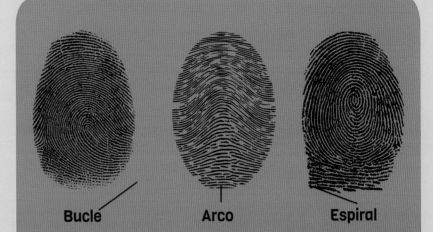

Bucle   Arco   Espiral

DEJAR HUELLA

La mayoría de la gente sabe que la policía puede revisar las huellas dactilares para identificar a las personas. Cuando tocas cualquier objeto, dejas una marca, aunque no puedas verla. Esa marca está hecha de los patrones de delgadas líneas en las yemas de los dedos. No hay dos personas con las mismas formas: bucles, espirales y arcos.

¡El patrón de la lengua también es único!

ACTIVIDAD

Con polvo puedes descubrir huellas en la escena de un crimen. Pon cacao en polvo en una taza. Introduce un pincel en el polvo y luego pásalo sobre un área con huellas. Sopla suavemente la superficie. La mayor parte del polvo se aparta, pero algunas partículas se adhieren a la grasa de las huellas. Observa con una lupa: ¿quién ha sido?

UN CÓDIGO DE POR VIDA

Cada una de los 37 billones de células del cuerpo contiene un código. Se denomina ADN, la sigla de ácido desoxirribonucleico. "Nucleico" significa que ese código se encuentra en el núcleo de cada célula. El código ADN determina el crecimiento, desarrollo y comportamiento de las células.

GIROS DEL DESTINO

El ADN es una molécula larga y helicoidal hecha de cuatro bloques constitutivos: adenina, timina, citosina y guanina. Estos bloques forman parejas dentro de la cadena de ADN. Cada par es como un peldaño en una escalera que los mantiene en su lugar. Aunque solo hay cuatro elementos, se organizan en muchas combinaciones diferentes.

Un gen es un segmento de ADN. Cada célula de tu cuerpo contiene entre 25 000 y 35 000 genes. Los genes contienen la información que te hace ser como eres. Cerca de 99,9 % del ADN de las personas en exactamente igual. Solo 0,1 % es distinto y único.

Debido a la información del ADN, la mayoría de las personas se parecen a sus padres. ¡Pero no siempre!

ESTÁ EN LOS GENES

Los genes que te transmitieron tus padres determinan muchas de tus características, también llamadas rasgos. Los rasgos heredados son los que tienes desde tu nacimiento y que transmitirás a tus hijos. Por ejemplo, el color de los ojos. De hecho, un científico puede observar tus genes cuando tienes apenas una semana y saber si vas a ser alto o bajo, o si tienes talento para el arte o el deporte.

NUEVOS GENES

A veces, los genes defectuosos también se transmiten y causan enfermedades. Algunos científicos están comenzando a utilizar "terapia genética" para prevenir o tratar enfermedades heredadas. Uno de los métodos consiste en reemplazar los genes defectuosos por genes saludables.

DOBLES

¿Alguna vez te has preguntado por qué los gemelos idénticos son idénticos? Es debido a que han heredado el mismo ADN. Así que si uno tiene el pelo rubio, el otro también. Si uno tiene pecas, el otro también. A menos de que tengas un gemelo idéntico, tu ADN es diferente al de todas las demás personas.

UNA GRAN FAMILIA

Los seres humanos somos un tipo de animal, y eso significa que estamos emparentados con animales. No estamos cubiertos de pelaje o escamas, pero tenemos mucho en común con otras criaturas, sobre todo con los simios.

RETRATO FAMILIAR

Haces parte de un grupo de animales llamados mamíferos. Igual que otros mamíferos, como gatos, elefantes y ratones, tienes pelo. También tienes en común que no saliste de un huevo y que te alimentaste de leche materna cuando eras un bebé.

NO TAN DIFERENTE

Tu cuerpo tiene la misma estructura básica que la de otros mamíferos. Tienes los mismos órganos que un perro, aunque tu cerebro y corazón son más grandes. Una jirafa tiene el cuello más largo, pero tiene el mismo número de huesos que un humano.

NUESTROS PARIENTES MÁS CERCANOS

Algunos animales son tan similares a nosotros que comparten 98% de nuestro ADN. Ellos son los cuatro tipos de grandes simios: gorilas, orangutanes, chimpancés y bonobos.

Algunos científicos llaman al ser humano "el tercer chimpancé" porque existen dos tipos de chimpancé —el común y el bonobo— muy similares a los humanos.

El 98,4%

de los genes humanos son idénticos a los genes de un chimpancé.

CAMINAR ERGUIDOS

No todas las características de tu cuerpo son como las de un simio. Da algunos pasos y haz sonar tus palmas al mismo tiempo. Fácil, ¿verdad? Para los humanos sí, pero no para los simios. Los chimpancés y los gorilas están siempre sobre sus cuatro extremidades. Los humanos tienen los huesos organizados de manera que pueden estar de pie y caminar.

ENERGÍA PARA EL

CUERPO

Tu cuerpo descompone la comida que ingieres para extraer los nutrientes, que son las sustancias que necesitas para estar saludable. Este proceso se llama digestión y comienza cuando un alimento entra a tu boca. Para la comida, este es el inicio de un largo viaje. En el camino, tu sistema digestivo mezcla, macera, exprime y deshace la comida hasta que todos los nutrientes se liberan en tu cuerpo.

El proceso de digestión suele tomar horas, aunque tu cuerpo puede procesar algunos alimentos y bebidas más rápidamente. Tu sistema digestivo tiene muchas herramientas para cumplir esta tarea: potentes químicos, ácidos fuertes, órganos y músculos que se expanden ¡sin que siquiera lo notes!

ABRE LA BOCA

¿Cuál es tu comida favorita? ¿Helado, una fruta jugosa, papas fritas o pizza? ¿Solo pensarlo te ha hecho agua la boca? Tu boca comienza a producir saliva cuando piensas en algo sabroso porque se está alistando para ponerse a trabajar.

Dientes

Labio superior

Molares

PRIMERA PARADA

En primer lugar, tus dientes cortan y trituran la comida. Según la forma y la ubicación en tu boca, los dientes cumplen diferentes labores. Afilados y angostos, los incisivos cortan y parten la comida en pedazos más pequeños. Los molares, anchos y ubicados hacia el interior de la boca, trituran estos pedazos. La lengua ayuda a mantener la comida cerca de los dientes hasta que se ha masticado bien.

Lengua

Glándulas sublinguales

Incisivos

Labio inferior

⊛ ACTIVIDAD

Si tienes gelatina de postre, aparta un recipiente. Introduce trozos de piña o kiwi y déjalos 10 minutos. Verás que la gelatina se ha hecho líquida. Esto sucede porque las frutas contienen químicos que diluyen la gelatina, similares a los que usa la saliva para deshacer la comida en la boca.

¡JUGOSO!

La saliva hidrata la comida y ayuda a ablandarla. También ayuda a diluir comida que se haya quedado entre los dientes, así que ayuda a prevenir el deterioro dental. Un olor agradable, como el pan recién horneado, puede hacerte "agua la boca", porque los sentidos del olfato y del gusto están conectados.

LA SALIVA

La saliva es producida por glándulas que están en la boca. Son las glándulas sublinguales (debajo de la lengua) y las glándulas parótidas (en la parte trasera de la boca). La comida debe estar húmeda antes de poder ser digerida. La saliva hace ese trabajo. Uno de esos químicos se llama amilasa y comienza a digerir la comida incluso antes de que la tragues.

Glándulas parótidas

Glándulas sublinguales

FÁCIL DE TRAGAR

Una vez has masticado tus alimentos y los has humedecido con saliva, la lengua forma un amasijo de comida macerada y humedecida llamada bolo. Luego lo empuja hacia adentro porque ya está listo para la siguiente etapa de su viaje.

Tu boca contiene más bacterias que las poblaciones de los Estados Unidos y Canadá juntas.

¡HASTA EL FONDO!

Has masticado ese rico bocado y tu lengua lo ha convertido en bolo. Ahora debe ir al estómago. Pero mientras baja por la garganta encuentra una trampa en el camino: ¿Llegará directo al estómago o se quedará atascado en la tráquea?

Nariz

Faringe

Boca

Tráquea

MUY CERCA

La faringe es la parte de atrás de la boca que conduce a la garganta. Ayuda a comer y respirar. La comida pasa por ahí y también el aire que respiras por la nariz. La comida baja por la garganta y el esófago hacia el estómago. El aire pasa por la tráquea hacia los pulmones. Las puertas de estos pasajes están muy cerca entre ellas.

POR EL "CAMINO VIEJO"

Si bebes un líquido muy de prisa, puedes comenzar a toser. Sucede porque parte del líquido se fue "por el camino viejo". Cuando tragas, una escotilla llamada epiglotis detiene los líquidos y alimentos para que no entren a la tráquea. Si la epiglotis no se cierra a tiempo, algo de líquido pasa a la tráquea, entonces automáticamente toses para devolver ese líquido y no ahogarte.

TRAGAR CON SEGURIDAD

No puedes comer y respirar al mismo tiempo, tendrías que mantener la tráquea y el esófago abiertos al mismo tiempo, ¡y eso sería desastroso! Podrías ahogarte porque la comida bloquearía tu respiración. Pero un diseño inteligente hace que cuando estás a punto de tragar la epiglotis cubra la parte superior de la tráquea. Entonces, cuando tragas, la comida pasa sin problemas hacia el esófago.

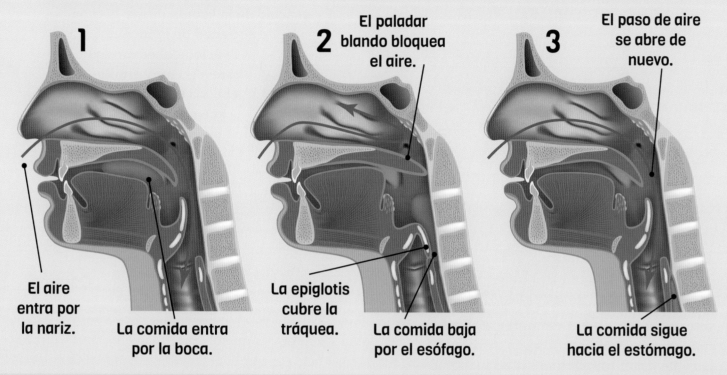

1

El aire entra por la nariz.

La comida entra por la boca.

2 El paladar blando bloquea el aire.

La epiglotis cubre la tráquea.

La comida baja por el esófago.

3 El paso de aire se abre de nuevo.

La comida sigue hacia el estómago.

Eructar es la forma como el cuerpo libera el aire que has tragado accidentalmente. En algunos países, un eructo sonoro es signo de que has disfrutado la comida.

APRETAR Y EMPUJAR

La comida no solamente cae por el esófago. Los músculos circulares que rodean el esófago se contraen para empujar el bolo y se relajan para dejarlo pasar, ayudando a que baje fácilmente. Este proceso se llama movimiento peristáltico. Es similar a comerse un refresco congelado: aprietas para empujar el hielo y este sale por el agujero abierto.

ESTÓMAGO REVUELTO

La comida se tarda unos 10 segundos en llegar al estómago. Ahí es donde el verdadero proceso de digestión tiene lugar. El estómago tiene la forma de la J. Es uno de los órganos más importantes del sistema digestivo. Tu estómago debe tener el tamaño de tu puño, pero se estira y se hace más grande cuando lo llenas de comida.

¡A TRABAJAR!

Todo el trabajo de macerar y triturar el alimento sucede en el estómago. Ahí es donde las bolas de comida que bajan por el esófago son transformadas en un líquido pastoso. Los poderosos músculos de las paredes de tu estómago aprietan la comida, y al mismo tiempo se producen enzimas y fuertes ácidos llamados jugos gástricos, que diluyen la comida aún más. Tras mucho apretar y disolver, la comida se vuelve un líquido llamado quimo.

ACTIVIDAD

Toma una moneda vieja y ponla en un vaso lleno de refresco de cola. A la mañana siguiente, enjuaga la moneda: debe estar más brillante. Esto sucede porque el ácido de la bebida diluye la capa de suciedad de la moneda. El ácido del estómago hace algo muy similar con los alimentos que comes.

Esófago

Cardias

Esfínter pilórico

Píloro

Intestino delgado

Músculos poderosos

Cuerpo del estómago

Esófago

Estómago

Intestino delgado

UNA SOLA DIRECCIÓN

Tu estómago hace parte de una serie de órganos diferentes por los que pasa la comida mientras es digerida. Antes de entrar al estómago, la comida viaja por el esófago y después de pasar por el estómago debe recorrer el intestino delgado. Unas válvulas especiales llamadas esfínteres controlan el flujo en los extremos y se aseguran de que la comida pase en la dirección correcta.

El ácido de tu estómago es tan potente que puede disolver metal, ¡pero no sería una comida muy sabrosa!

PANZA GLOBO

Tu estómago se expande como un globo cuando se llena de comida.

¡QUEMA!

En ocasiones, comidas y jugos gástricos del estómago se devuelven por el cardias y regresan al esófago. El ácido del estómago causa irritación en la base del esófago y puede ser muy doloroso.

BAJO CONTROL

Las células de las paredes del estómago (izquierda) permiten que se expanda. También controlan el equilibrio de químicos, para que el estómago no termine por digerirse a sí mismo.

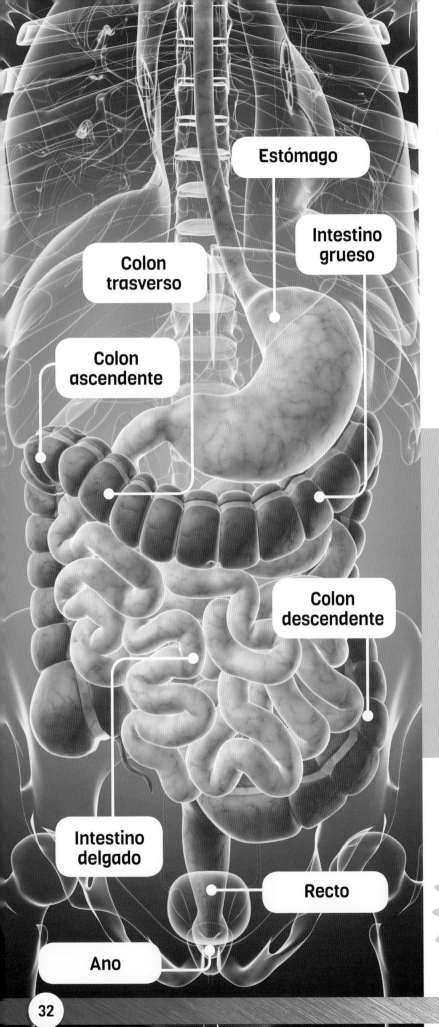

Estómago

Intestino grueso

Colon trasverso

Colon ascendente

Colon descendente

Intestino delgado

Recto

Ano

DELGADO Y GRUESO

Después de tanto macerar, estrujar y diluir con ácidos, la comida está lista para salir del estómago y pasar a la siguiente etapa de digestión: extraer los nutrientes y deshacerse de lo que no se necesita. Aquí el intestino delgado y el intestino grueso tienen su papel estelar.

¡DELGADO, PERO FUERTE!

La comida hecha papilla sale del estómago y entra al intestino delgado. Este intestino es delgado y largo. La comida se tarda unas 4 horas en recorrerlo. En la primera parte, llamada duodeno, la comida se descompone aún más. En la segunda y tercera, los nutrientes y las vitaminas se absorben y llegan al torrente sanguíneo.

El intestino delgado es mucho más largo que el intestino grueso. Si lo desenroscáramos, mediría 6 metros. ¡Es más largo que tres jugadores de básquetbol uno sobre otro!

CON LOS "DEDOS"

El interior del intestino delgado está cubierto por pequeñas y delgadas formaciones llamadas *villi* o vellosidades (y otras más pequeñas llamadas *microvilli*). A través de potentes microscopios, los *villi* parecen dedos diminutos que se mecen suavemente mientras la comida se cuela entre ellos. Además, son expertos en remover los nutrientes del alimento y pasarlos a la sangre que recorre el resto de tu cuerpo. Algunos de estos se componen de tan solo dos células para que los nutrientes pasen fácilmente.

LA ÚLTIMA OPORTUNIDAD

El intestino grueso es la última oportunidad que tiene tu cuerpo para extraer los nutrientes de lo que te comiste. Pero su trabajo es más complejo que saborear lo poco que queda de la comida. Muchos tipos diferentes de bacterias viven en el intestino. Algunos producen vitaminas y químicos importantes, que viajan hacia el torrente sanguíneo junto con todo lo demás.

HASTA LA ÚLTIMA GOTA

El intestino grueso es mucho más corto que el intestino delgado, y más ancho. Cuando la comida está en el intestino grueso, la mayoría de los nutrientes ya han sido absorbidos, pero todavía quedan algunos, además del agua. Lo que queda de la comida (ahora la mayor parte es desecho) es una mezcla más seca que va bajando por el colon al recto. Y ahí se queda hasta que vas al inodoro.

¡PARA AFUERA!

El recto es la parte final del sistema digestivo. Es como un depósito de basura, a la espera de que vayas al baño. Cuando lo haces, los movimientos peristálticos empujan los desechos, de manera similar a la comida que baja por el esófago. Los músculos del esfínter mantienen tu ano —el agujero final— firmemente cerrado hasta cuando decides que es momento de evacuar.

UNA DIETA BALANCEADA

Es importante seguir una dieta balanceada y saludable para que tu cuerpo reciba una amplia variedad de nutrientes necesarios. Está bien comer pizza y helado de vez en cuando, mientras comas alimentos saludables también.

LAS NECESIDADES DE TU CUERPO

CEREBRO: necesita magnesio (de vegetales en hoja) y vitamina E (presente en muchas nueces) para funcionar bien.

MÚSCULOS: la proteína (en carne, peces, nueces y granos) ayuda a construir los músculos.

HUESOS: el calcio (en la mayoría de los productos lácteos) mantiene los huesos fuertes.

PELO: hierro, vitaminas A y C, proteínas y cinc (en una variedad de comidas) mantienen el pelo fuerte y brillante.

CORAZÓN: tu corazón es un músculo, sus requerimientos son iguales a los de un músculo cualquiera.

PIEL: vitamina E (aguacate y piñones) y los químicos en las frutas ayudan a la piel.

UÑAS: cinc, proteína y ácidos grasos (del pescado) mantienen el buen aspecto de las uñas.

¡TE SIENTA BIEN!

Es sorprendente que el dicho "eres lo que comes" sea tan cierto. Tu cuerpo absorbe los minerales, vitaminas y otros nutrientes contenidos en los alimentos, y estos se hacen parte de él. Algunos ayudan a partes específicas de tu cuerpo, como el calcio contenido en la leche, que es un excelente constructor de huesos y dientes. Otros ayudan a todo el cuerpo. Los carbohidratos de la pasta y el arroz le dan energía a tu cuerpo para que no pare de moverse.

¿COMIDA PARA EL CEREBRO?

Durante siglos, el pescado se conocía como "comida para el cerebro". ¿Era un mito?

Los científicos admiten que algunos ácidos grasos sí ayudan al cerebro, y la comida que contiene esos ácidos es... ¡el pescado!

SUPERCOMIDAS

Algunas personas consideran que los arándanos, el jugo de la granada, el ajo y el brócoli son "superalimentos". Aseguran que este tipo de comidas y bebidas ayudan a combatir enfermedades, te mantienen saludable y te ayudan a vivir por más tiempo. Los científicos están de acuerdo con que estas comidas son saludables..., pero no milagrosas. Es mucho más importante seguir una "superdieta" que sea balanceada y que dé a tu cuerpo una gran variedad de nutrientes necesarios para que funcione bien.

RICO, PERO POCO

Algunos alimentos como la pizza y el helado deben comerse ocasionalmente. La mayoría de los helados contienen grandes cantidades de grasa y azúcar. Aunque tu cuerpo requiere grasa, no necesita mucha, y la que contienen salchichas, quesos o galletas causa problemas de salud.

Tu cuerpo contiene el hierro suficiente para hacer una pica que aguante tu propio peso.

ALIADOS ÚTILES

Muchos de los órganos internos del cuerpo se encuentran uno al lado del otro en tu abdomen, esa parte del cuerpo que está arriba y abajo de tu ombligo. El hígado, el páncreas y la vesícula tienen tareas importantes en la digestión de la comida.

Hígado

Estómago

Vesícula

Páncreas

Intestino delgado

Intestino grueso

CENTRAL DE ÓRGANOS

El abdomen contiene tu estómago, los intestinos grueso y delgado, y muchos otros órganos importantes. Algunos, como el páncreas y la vesícula, son partes esenciales del sistema digestivo. Las capas de tejido mantienen estos órganos cerca los unos de los otros y en la cavidad abdominal (el espacio en tu abdomen).

PIEDRAS DOLOROSAS

Los químicos en tu vesícula pueden sufrir un desequilibrio y causar la formación de sustancias endurecidas llamadas cálculos biliares. Comer alimentos grasosos contribuye al desarrollo de estas piedras dolorosas.

Piedras dolorosas

GRAN MEZCLA

El páncreas produce sustancias llamadas enzimas, que van al intestino delgado para descomponer carbohidratos, proteínas y grasas. También produce y envía un químico llamado bicarbonato de sodio al intestino delgado. El bicarbonato de sodio reacciona con el ácido del intestino, y evita que este se haga muy fuerte y perjudique el revestimiento del intestino.

ACTIVIDAD

Pon tres cucharaditas de bicarbonato de sodio en una botella de plástico vacía. Vierte una taza de vinagre y cubre la boca de la botella con un globo. Rápidamente, el globo comienza a inflarse. Esto sucede porque el bicarbonato y el vinagre (ácido) producen una reacción, de la misma forma que sucede en tu intestino.

JUGADOR ESTRELLA

Si tuvieras que mencionar tu órgano más importante, probablemente dirías que es tu corazón (derecha). Pero si analizas de cerca el hígado, quizá cambies de opinión. El hígado (abajo a la izquierda) es tu órgano interno más grande. Su tarea es revisar la sangre que proviene del sistema digestivo, convertir los nutrientes en sustancias útiles y filtrar todas las partículas dañinas. También produce la bilis, líquido utilizado para descomponer y digerir la grasa.

HÍGADO   #1   CORAZÓN

COMBATIR LA GRASA

La bilis producida por el hígado se almacena en la vesícula. Necesitas ingerir algo de grasa en tu dieta porque es un ahorro para emergencias. Si la comida que llega al intestino es un tanto grasosa, la vesícula exprime un poco de bilis. La bilis descompone la grasa hasta que el cuerpo puede digerirla.

LIMPIAR LA SANGRE

Es muy importante que tu cuerpo se libere de los desechos que no necesita. Los desechos sólidos de la comida salen por el recto. Pero todas las reacciones químicas que ocurren en otras partes del cuerpo producen todavía más desecho, que se queda en tu sangre hasta que pasa por otro asombroso sistema: los riñones.

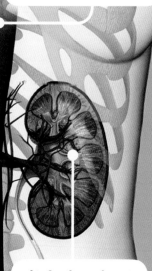

Vena principal

Arteria principal

Riñón derecho

Riñón izquierdo

Uretra

Músculo de la vejiga

Vejiga

Uretra

SISTEMA DE LIMPIEZA

Tu cuerpo tiene alrededor de 5 litros de sangre. La sangre que sale del sistema digestivo está cargada de nutrientes que se procesan en otras partes del cuerpo. Las reacciones químicas que procesan los nutrientes producen desechos. Entonces, antes de que la sangre se dirija de nuevo hacia el corazón, pasa por los riñones para que la limpien.

A TRAVÉS DEL AGUA

Los riñones filtran la sangre y los desechos se quedan en un líquido que es principalmente agua. Se llama orina. La segunda parte del trabajo de los riñones es expulsar la orina para que los desechos no permanezcan en tu cuerpo.

Corteza

Arteria renal

Vena renal

Uretra

Médula

FILTROS FANTÁSTICOS

El trabajo de filtrar ocurre exactamente en la médula, una parte de los riñones con forma de conchas. En el interior de la médula, cada riñón tiene un millón de nefronas que hacen la filtración.

MÁQUINAS RENALES

Un aparato de diálisis ayuda a las personas cuyos riñones no están funcionando bien. La sangre del paciente pasa a través de la máquina, donde se filtra para remover desechos dañinos, sal excesiva y agua. Luego la sangre regresa al cuerpo del paciente.

ORINA SALUDABLE

Los riñones controlan la cantidad de agua en tu cuerpo. Una orina de color amarillo dorado es señal de buena salud. Cuando es más clara, tu cuerpo se está deshaciendo de agua excesiva. Es más oscura cuando no hay suficiente agua en tu sistema.

LOS TRES TIPOS

CARBOHIDRATOS
Se descomponen en azúcar que provee de energía rápida.

PROTEÍNAS
La fuerza de los músculos se debe a las proteínas.

GRASAS
Proveen de energía que se puede almacenar.

PARADA ENERGIZANTE

El sistema digestivo, desde los dientes hasta el estómago y los intestinos, hace un excelente trabajo al extraer todos los nutrientes que tu cuerpo necesita. Tú has ayudado bastante al elegir un buen equilibrio entre carbohidratos, proteínas y grasas. ¿Qué sucede entonces con esos nutrientes cuando ya han sido liberados por los intestinos?

BUENA NUTRICIÓN

Tu cuerpo necesita un rango amplio de nutrientes. Los grandes tipos de nutrientes son: carbohidratos, proteínas y grasas. Algunos alimentos contienen bastante de un solo grupo. Por ejemplo, la carne es alta en proteína y la mantequilla en grasa. Tu dieta debe mantener un equilibrio. Un sándwich de pollo, por ejemplo provee los tres tipos de nutrientes: el pan contiene carbohidratos, el pollo provee la proteína, y la mantequilla, la grasa.

Durante un partido, los tenistas suelen comer bananos. Son fáciles de digerir y tienen muchos carbohidratos, necesarios para que el cuerpo produzca energía.

POTENCIARSE

Las proteínas de los alimentos se fragmentan en partes más pequeñas llamadas aminoácidos. Tu cuerpo combina estos aminoácidos y forma nuevas proteínas que se encargan de tareas especiales. Estas nuevas proteínas promueven reacciones químicas, ayudan a la comunicación entre células y dan más energía que los carbohidratos y las grasas.

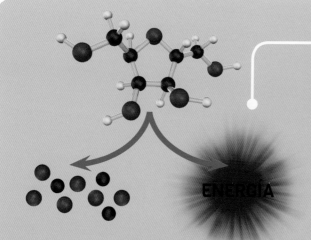

¡ROMPE, ROMPE, ROMPE!

Para liberar energía, tu cuerpo produce reacciones químicas que descomponen los enlaces de los carbohidratos y las grasas. Los vínculos que mantienen las moléculas unidas contienen mucha energía. La rotura de estos vínculos se llama proceso catabólico.

ENERGÍA

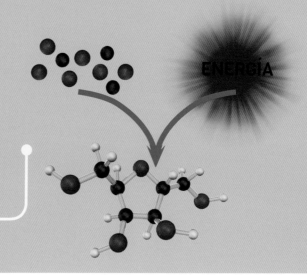

ENERGÍA

Reconstruir

El proceso opuesto al catabólico es el anabólico. Tu cuerpo combina moléculas pequeñas para producir otras mayores. Así es como produce nuevas proteínas.

¡ACTÍVATE!

Además de una buena dieta balanceada, el ejercicio ayuda a que tu cuerpo funcione de maravilla. Hacer ejercicio, practicar un deporte o ir al gimnasio también ayuda a tener un peso saludable.

Pulmones
Respirar profundamente fortalece los pulmones.

Músculos
El ejercicio regular vigoriza los músculos.

Cintura
La energía requerida para hacer ejercicio quema la grasa que se acumula en la cintura.

Articulaciones
El ejercicio ayuda al buen movimiento de las articulaciones.

Durante tu vida, comes unos 27 000 kilogramos de alimentos, ¡el peso de seis elefantes!

QUEMAR CALORÍAS

Una "caloría" es una unidad que mide la energía contenida en los alimentos y en tu cuerpo. Si comes más calorías de las que tu cuerpo necesita, esas calorías de más se almacenan en forma de grasa. Tu cuerpo necesita calorías para respirar, moverse y para pensar. Pero cuando haces ejercicio, necesitas más energía, y entonces tu cuerpo quema algunas de las calorías que había almacenado en forma de grasa.

Respuestas (en el sentido de las manecillas del reloj, comenzando por la izquierda): pollo a la plancha, 171 calorías; banano, 95 calorías; papas fritas, 253 calorías; fresas, 28 calorías; salchicha de cerdo, 305 calorías; brócoli, 24 calorías; apio, 7 calorías; manzana, 47 calorías; papa al horno, 109 calorías.

Corazón

El ejercicio físico también estimula al corazón: ¡Es un músculo como cualquier otro!

ACTIVIDAD

Hay 97 calorías en 25 gramos de azúcar. Mira la etiqueta de un refresco o de una chocolatina y revisa cuánta azúcar contiene. Luego calcula cuántas calorías hay en total. El azúcar debe ser solamente 10% de la ingesta diaria de calorías, que para un adulto es de 2200 calorías al día.

¿CUÁNTAS CALORÍAS?

Hay 97 calorías en 100 gramos de banano. Adivina cuántas calorías hay en 100 gramos de cada uno de estos alimentos. Las respuestas están arriba a la derecha.

Salchicha de cerdo

Banano

Papas fritas

Brócoli

Fresas

Papa al horno

Manzana

Apio

Pollo a la plancha

LISTO PARA LA
ACCIÓN

Tu cuerpo necesita un soporte para mantenerse erguido. Tus huesos son ese soporte y están ensamblados en una estructura llamada esqueleto. Deben ser fuertes para cargar tu peso y ligeros para ayudarte a estar activo. Sin tus huesos, tu cuerpo sería como un muñeco de trapo.

Además de mantenerte erguido, los huesos necesitan un sistema que los mantenga aferrados entre sí y los guíe. Esa es la labor de tus músculos. Los utilizas cada vez que necesitas moverte (desde recoger un papel del suelo hasta correr en una carrera). Detrás de cámaras, algunos músculos trabajan día y noche (automáticamente) para que tu cuerpo funcione.

Tu piel hace más que simplemente recubrir el cuerpo como un papel de empacar gigante. Te mantiene caliente y te refresca, y actúa como un aislante para proteger lo que está adentro. Es impermeable y te protege de los rayos más peligrosos del sol.

EL EQUIPO ESQUELETO

Tu esqueleto es el soporte de tu cuerpo: un andamiaje de huesos que te sostiene tan firmemente como las vigas de metal que sostienen un rascacielos.

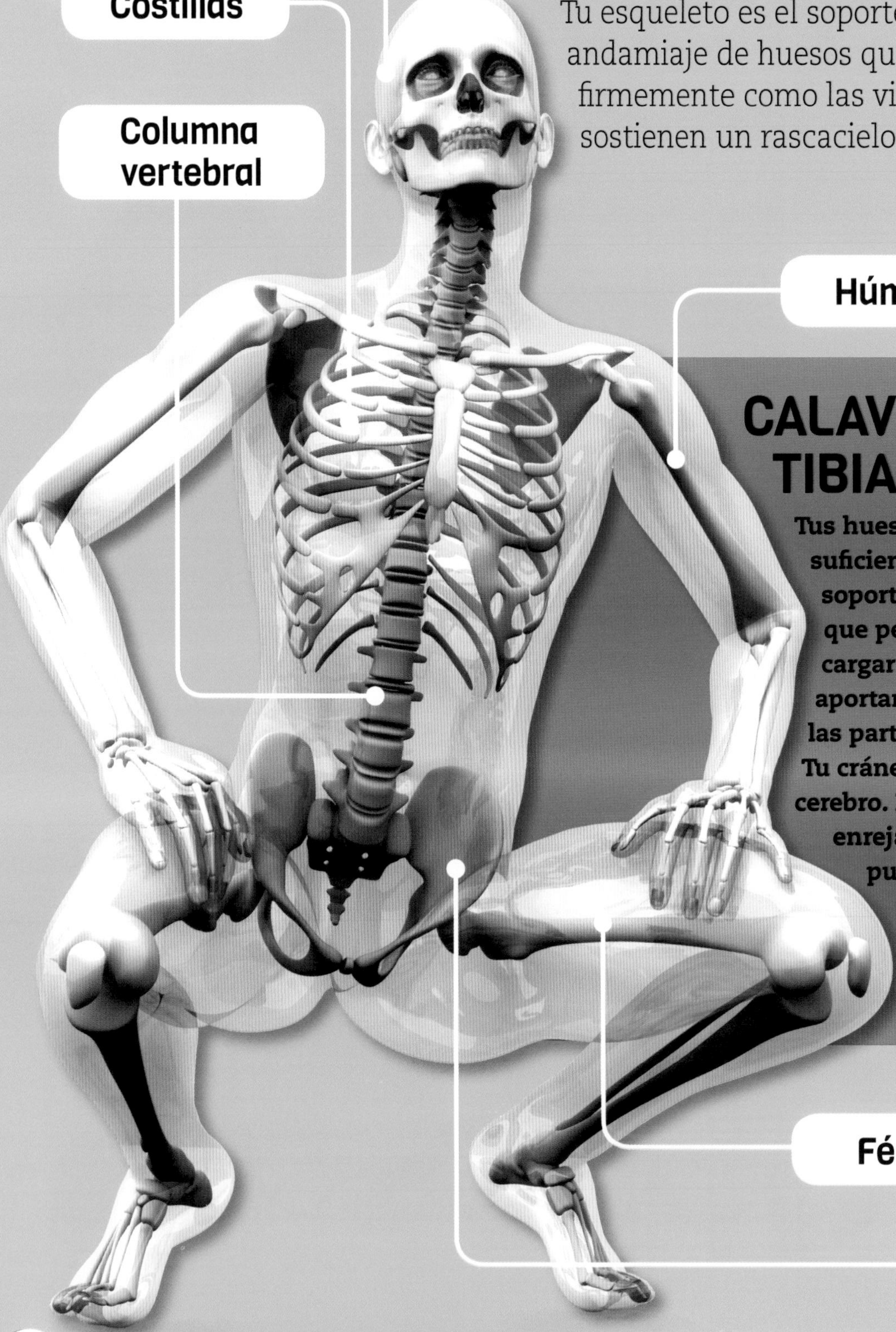

Cráneo

Costillas

Columna vertebral

Húmero

CALAVERA Y TIBIAS CRUZADAS

Tus huesos deben ser lo suficientemente fuertes para soportar tu peso. También tienen que permitirte caminar, correr y cargar objetos. Tus huesos también aportan una gran protección a las partes delicadas de tu cuerpo. Tu cráneo es como un casco para el cerebro. Las costillas forman un caja enrejada para mantener a salvo pulmones y corazón.

Fémur

Pelvis

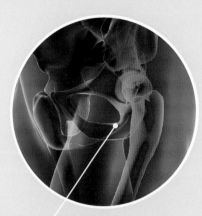

Articulación de rótula

ARTICULACIÓN DE RÓTULA

Las articulaciones son las uniones de los huesos. Algunas son fijas y mantienen cada hueso en su lugar. Otras, como la rodilla o el codo, se llaman articulaciones de bisagra. Se mueven como la bisagra de una puerta. Las articulaciones de rótula del hombro o de la cadera permiten que uno de los huesos que unen se mueva libremente y casi en cualquier dirección.

Articulación de bisagra

Fémur

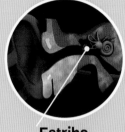

Estribo

GRANDES Y PEQUEÑOS

El fémur, el hueso largo en la parte superior de tus piernas, es el hueso más largo del cuerpo. Es así de largo porque recibe toda la fuerza de apoyo cuando caminas o corres, incluso cuando estás de pie. El hueso más pequeño del cuerpo es el estribo: es del tamaño de un grano de arroz y está en el interior de tu oído. El estribo hace parte de una serie de huesos que captura vibraciones del aire y te ayuda a percibir sonidos.

Tus costillas se mueven cada vez que respiras: ¡cinco millones de veces al año!

HUESITO DE LA RISA

Cuando te golpeas un codo, se produce un dolor agudo y punzante inesperado. Lo que realmente te duele es un nervio llamado ulnar. La mayoría de los nervios están protegidos por músculos y huesos, pero este nervio está cerca de la piel que cubre tu codo.

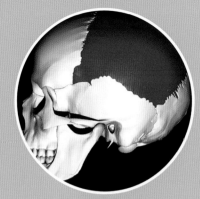

**Hueso plano
(hueso parietal del cráneo)**

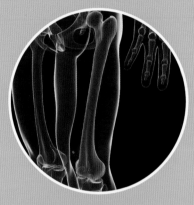

Hueso largo (fémur)

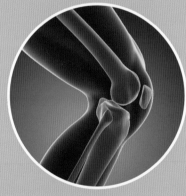

Sesamoideo (rótula)

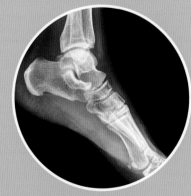

Hueso corto (pie)

LOS RUDOS

Tus huesos deben ser muy fuertes para enfrentar los retos a lo largo de tu vida. También deben ser ligeros para que puedas moverte libremente. Pero los huesos no son la parte más dura de cuerpo, ¡son tus dientes!

EN FORMA

Cuando naces, tienes 300 huesos. Algunos de esos huesos se fusionan o se unen para convertirse en huesos más grandes. Un adulto tiene 206 huesos. Estos huesos tienen un interior esponjoso llamado médula ósea, y una parte externa dura hecha de un químico llamado carbonato de calcio. La función del hueso determina su forma. Por ejemplo, los huesos planos son excelentes para la protección. Los huesos sesamoideos son útiles para las articulaciones y las uniones entre huesos. Los huesos cortos te dan soporte cuando no estás en movimiento.

FÁBRICA DE HUESOS

Los huesos hacen más que protegerte y darte soporte. La médula en el interior de tus huesos es como una fábrica: produce las células de la sangre que tu cuerpo utiliza para tener energía, combatir enfermedades y ayudarte a sanar.

Médula de la cadera

48

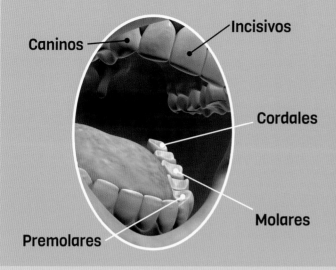

Caninos

Incisivos

Cordales

Molares

Premolares

EL DIARIO MOLER

Si quieres ver la parte más dura de tu cuerpo, ¡mírate al espejo y sonríe! A lo largo de tu vida, tus huesos cortan y muelen grandes cantidades de alimentos. Como los huesos, su forma depende de su función. Los incisivos y caninos cortan y trozan la comida en partes más pequeñas. Los premolares y molares la trituran. Las cordales son molares de más que emergen cuando tienes alrededor de 20 años.

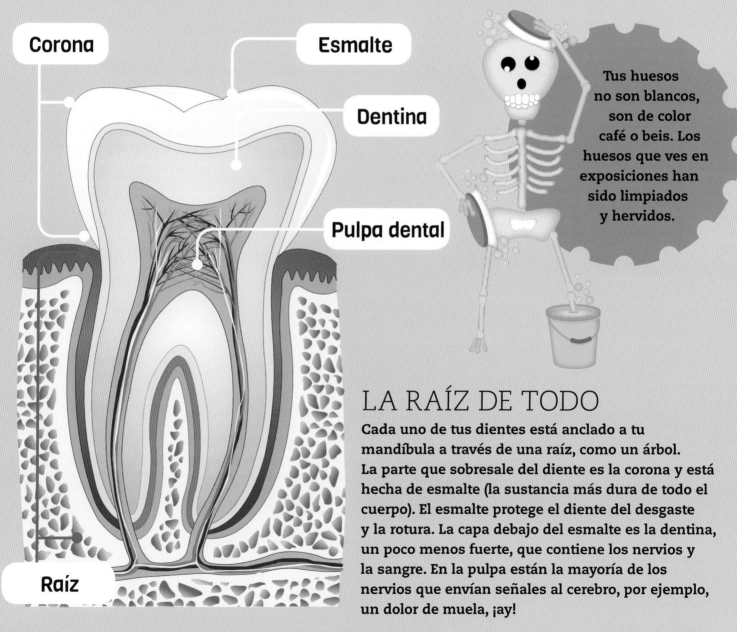

Corona

Esmalte

Dentina

Pulpa dental

Raíz

Tus huesos no son blancos, son de color café o beis. Los huesos que ves en exposiciones han sido limpiados y hervidos.

LA RAÍZ DE TODO

Cada uno de tus dientes está anclado a tu mandíbula a través de una raíz, como un árbol. La parte que sobresale del diente es la corona y está hecha de esmalte (la sustancia más dura de todo el cuerpo). El esmalte protege el diente del desgaste y la rotura. La capa debajo del esmalte es la dentina, un poco menos fuerte, que contiene los nervios y la sangre. En la pulpa están la mayoría de los nervios que envían señales al cerebro, por ejemplo, un dolor de muela, ¡ay!

HUESOS Y CARNE

Los músculos son la parte del cuerpo que te hace mover: ponerte de pie, levantar una caja o patear un balón. Puedes dar la orden de manera consciente a algunos de tus músculos para que se muevan. Pero algunos músculos que te ayudan a digerir la comida, a respirar y al latir del corazón no necesitan que les digas lo que tienen que hacer.

¡MUÉVELO!

Tu esqueleto es la estructura que mantiene firme tu cuerpo y los músculos permiten su movimiento. El tipo de músculos que mueven huesos se llaman voluntarios. Primero, decides qué tipo de movimiento quieres hacer. Luego, tu cerebro selecciona los músculos que necesitas y les manda señales. Los músculos se mueven y entonces tú también.

Los músculos constituyen **40 %** del peso de tu cuerpo.

40 %

CON LOS OJOS BIEN ABIERTOS

Los músculos también te ayudan a ver. Unos músculos muy suaves en tus ojos trabajan constantemente para enfocar lo que quieres ver. Cierran la pupila cuando hay una luz brillante y la amplían cuando la luz es tenue. Reaccionan más velozmente que el resto de músculos.

Tienes más de

600 músculos

en tu cuerpo: desde el glúteo, el más grande del cuerpo ubicado en tu parte trasera, hasta el estapedio en el oído, el músculo más pequeño.

Tamaño real
del estapedio

ACTIVIDAD

Atenúa o apaga las luces. Después de varios minutos, mira tus ojos en un espejo. Verás que las pupilas se han ampliado. Ahora enciende las luces y sigue mirando. Las pupilas se hacen más pequeñas. Los músculos de tus ojos se han contraído o encogido para evitar tanta luz.

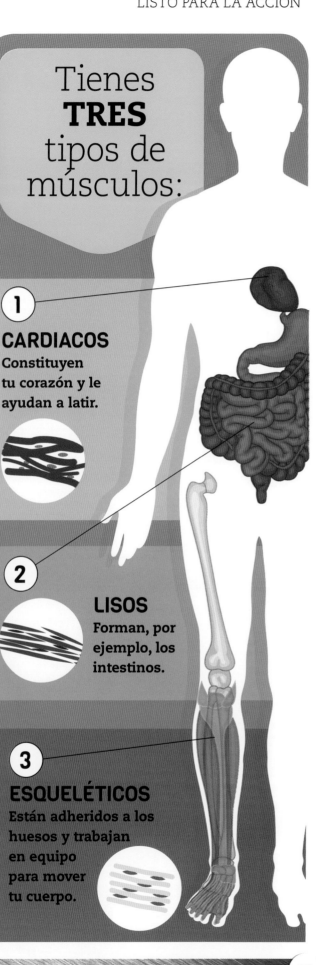

Tienes TRES tipos de músculos:

1

CARDIACOS
Constituyen tu corazón y le ayudan a latir.

2

LISOS
Forman, por ejemplo, los intestinos.

3

ESQUELÉTICOS
Están adheridos a los huesos y trabajan en equipo para mover tu cuerpo.

EL PODER MUSCULAR

Cuando piensas en tus músculos, probablemente se te ocurren aquellos que utilizas cuando pateas un balón, sostienes un lápiz o montas en bicicleta. Esos son los músculos voluntarios, aquellos que puedes dirigir. También se llaman músculos esqueléticos porque están conectados a los huesos.

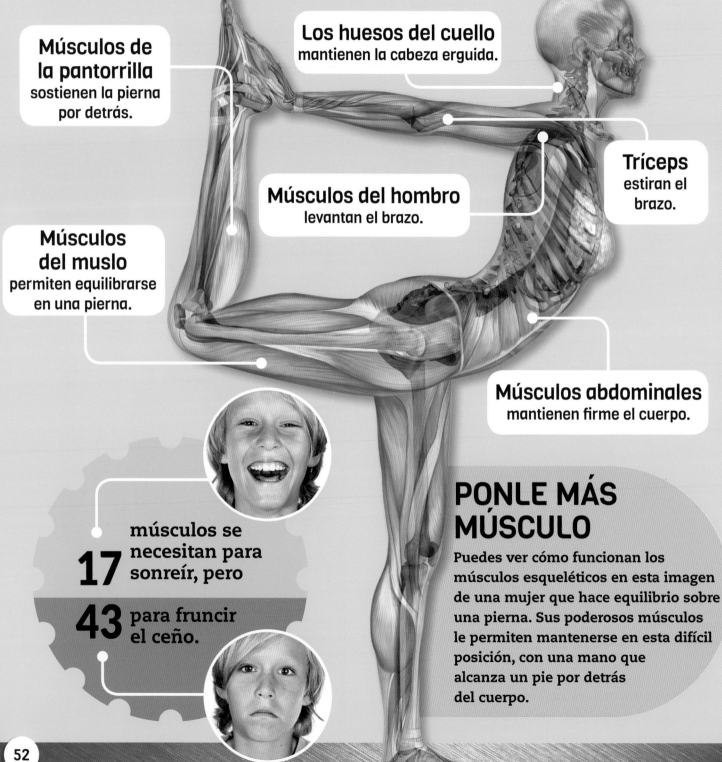

Músculos de la pantorrilla
sostienen la pierna por detrás.

Los huesos del cuello
mantienen la cabeza erguida.

Músculos del hombro
levantan el brazo.

Tríceps
estiran el brazo.

Músculos del muslo
permiten equilibrarse en una pierna.

Músculos abdominales
mantienen firme el cuerpo.

17 músculos se necesitan para sonreír, pero

43 para fruncir el ceño.

PONLE MÁS MÚSCULO

Puedes ver cómo funcionan los músculos esqueléticos en esta imagen de una mujer que hace equilibrio sobre una pierna. Sus poderosos músculos le permiten mantenerse en esta difícil posición, con una mano que alcanza un pie por detrás del cuerpo.

TRABAJO EN PAREJAS

Los músculos trabajan en parejas que halan en la dirección opuesta, nunca empujan. Los músculos contienen una proteína llamada actina. Cuando otra proteína llamada miosina envía una mensaje a la actina, el músculo se tensa o se contrae. Así que cuando haces alarde de los músculos de tu brazo, el bíceps en la parte superior del brazo hala el antebrazo hacia arriba. Cuando estiras el brazo, el tríceps baja el antebrazo de nuevo.

Si todos los músculos de tu cuerpo halaran en una misma dirección, serías capaz de levantar **25 toneladas** ¡El peso de una ballena!

25

ACTIVIDAD

Mantén el brazo derecho estirado frente a tu cuerpo. Cuenta cuántas veces puedes abrir y cerrar tu puño durante 30 segundos. Luego descansa por 15 segundos y hazlo de nuevo. En el segundo intento, el número debe ser menor porque tus músculos se habrán cansado.

RESPIRAR CON ÍMPETU

Los músculos usan el oxígeno de la sangre para recoger energía. El torrente sanguíneo normal te permite hacer un ejercicio constante, como caminar. Pero si te pones más activo, tus músculos necesitan más energía y gastan más oxígeno. Esa es una de las razones por las que respiras más fuerte cuando haces ejercicio: tu cuerpo está consiguiendo más oxígeno.

TRABAJO SIN DESCANSO

Tus músculos voluntarios descansan de vez en cuando, por ejemplo, cuando el partido de tenis que estabas jugando ha terminado o cuando terminas tu rutina de natación en la piscina. Pero hay otros músculos de tu cuerpo que trabajan constantemente. Son tus músculos involuntarios que mantienen el funcionamiento de tu cuerpo. Los músculos cardiacos han hecho latir tu corazón desde antes de que nacieras, y los músculos lisos trabajan con muchos órganos en el interior del abdomen.

No controlas tus músculos involuntarios. El músculo ciliar de tus ojos trabaja automáticamente para ayudarte a enfocar de cerca o de lejos.

W
EH
AVE
REMO
VEDAL
LTHERU
DEWORDS

Los músculos lisos se contraen y relajan constantemente en el iris de tus ojos.

DE TURNO 24/7

Los músculos involuntarios trabajan todo el tiempo, incluso cuando duermes. Trabajan en el interior de tu cuerpo y ayudan a que los sistemas de tu cuerpo funcionen las 24 horas del día, todos los días.

Los músculos cardiacos mantienen el latir del corazón.

Los músculos lisos mantienen las vías respiratorias abiertas.

EJERCICIO ABDOMINAL

**¡Los músculos de tu abdomen son admirables!
No solamente protegen tus órganos internos, también
te ayudan a respirar y a sostener la columna vertebral.
Los músculos que te ayudan a tragar y a digerir la
comida se llaman lisos. No tienen el aspecto estriado de
los músculos voluntarios y de los cardiacos,
que son mucho más fuertes (página 51).
Ser lisos tiene una ventaja: estos músculos
pueden contraerse y estirarse en
varias direcciones.**

**Interior
del intestino**

Músculos lisos

**Los músculos lisos
de tu vejiga se relajan
cuando se llenan
de orina.**

**Los músculos lisos se
contraen y relajan para
ayudar a pasar la comida
por los intestinos.**

**Los músculos lisos son
sensibles a la presión de
las paredes de los vasos
sanguíneos y así se regula
el flujo sanguíneo.**

ATAR CABOS

Una cosa es tener un esqueleto que te mantiene erguido, y otra cosa es tener músculos para mover esos huesos. Además, necesitas conectar todos esos sistemas para que puedan cumplir con sus tareas. Ese es el objetivo de los cartílagos, ligamentos y tendones.

Los tendones conectan los músculos y huesos.

TODO CONECTADO

Los músculos no podrían mover tu cuerpo si no estuviesen conectados por los tendones. Hechos de un tejido resistente, los tendones conectan los músculos con los huesos. El cartílago es un tejido elástico. Puedes encontrar fácilmente partes de cartílago en tu cuerpo: toca ese trozo de nariz entre tus fosas. El cartílago actúa como un amortiguador entre la unión de los huesos, es decir, las articulaciones. Estas también se sirven de bandas elásticas llamadas ligamentos, que conectan los huesos.

Los ligamentos conectan los huesos.

El cartílago actúa como amortiguador entre las articulaciones.

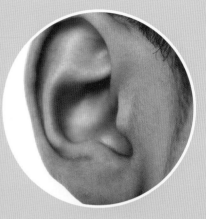

DOBLAR Y ESTIRAR

El cartílago es elástico. Por eso puedes doblarte las orejas (hechas principalmente de cartílago) sin que te duelan. El cartílago es un buen cojín entre los huesos porque es muy suave. Tus huesos comenzaron siendo cartilaginosos (página 48). Pero, a medida que fuiste creciendo, nuevo cartílago se formó en los extremos de tus huesos. El cartílago mismo se convirtió en hueso, y se hizo cada vez más grande, hasta que terminaste de crecer.

Un tendón humano es tan fuerte que puede levantar un carro sin romperse.

ACTIVIDAD

Une las palmas de tus manos y entrecruza los dedos. Luego, estira los dedos anulares (el que sigue al pequeño) y haz que las yemas se toquen. Pídele a un amigo que ponga una moneda entre esas yemas. Ahora trata de separar esos dedos. No puedes hacerlo porque los tendones están halando en la dirección opuesta.

CONEXIÓN CERCANA

Los ligamentos son bandas de tejido fuerte y fibroso que conectan los huesos entre sí para formar las articulaciones. También evitan que las articulaciones tengan demasiada libertad de movimiento. Si alguna vez te has torcido un tobillo, ya sabes qué sucede cuando una articulación es demasiado libre.

DEBAJO DE LA PIEL

Probablemente crees que la piel es solamente... piel. Quizá piensas que lo más importante está en el interior del cuerpo y que la piel es solo un recubrimiento, como el papel que envuelve un regalo de cumpleaños. Sin embargo, ese "traje de cumpleaños" es una de las partes del cuerpo que más trabaja. Es un abrigo viviente, protector e impermeable.

EL ÓRGANO MÁS GRANDE DEL CUERPO

Tu piel hace mucho más que recubrir el cuerpo. La piel te protege de infecciones, mantiene tu cuerpo a una temperatura moderada y te provee del sentido del tacto. Y si consideras todo lo que tiene que recubrir, no has de sorprenderte al saber que es tu órgano más grande.

Tallo del pelo

Epidermis

Dermis

CAPAS

La piel tiene tres tipos de capas, pero solo puedes ver una, la epidermis. Está trabajando sin cesar, produciendo células para reemplazar a las que mueren. Debajo de la epidermis se encuentra la dermis, que tiene vasos sanguíneos y capilares. Las glándulas sudoríparas y los folículos pilosos (donde nacen los pelos) también están en esta capa. Debajo de la dermis hay una capa de grasa subcutánea (que significa "debajo de la piel") que actúa como un cojín y mantiene tu cuerpo cálido.

Grasa subcutánea

Folículo piloso

REFRESCARSE

¿Alguna vez has visto vapor saliendo de una superficie? Sucede cuando el agua se ha convertido de líquido a gas. Tu cuerpo produce un líquido llamado sudor a través de los pequeños poros de tu piel. Cuando se convierte en gas, tu sudor se evapora y se lleva consigo parte del calor que ha producido tu cuerpo, y de esa forma te refrescas.

PIEL CON PECAS

Tu piel produce una sustancia llamada melanina para protegerte de los rayos dañinos del sol. Por eso, tu piel se pone más oscura cuando te expones al sol.

A veces, una cantidad de melanina se acumula en vez de esparcirse, y por esa razón algunas personas tienen pecas. Aunque la piel puede protegerte, es importante aplicarse cremas de protección solar.

CALENTARSE

Tu piel puede "cerrarles la puerta" a los poros que producen sudor tan fácilmente como dejarla abierta. Tu cuerpo produce calor cuando comienzas a tiritar del frío. Cerrar los poros es una manera de mantener ese calor en el interior.

Los científicos pueden hacer crecer piel a partir de una muestra de piel humana. La piel de una mano puede producir suficiente piel para cubrir

¡36 piscinas olímpicas!

TAN DUROS COMO LAS UÑAS

¿Sabías que no todas las partes del cuerpo están vivas? Tu pelo y uñas están hechos de células muertas. Están formados por una proteína fuerte llamada queratina, que también constituye las pezuñas y los cuernos de algunos animales.

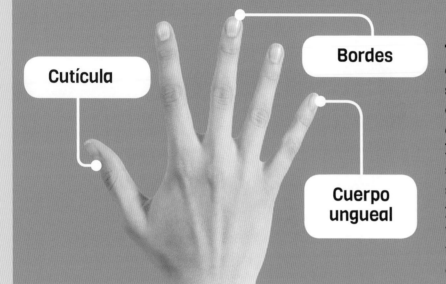

Bordes

Cutícula

Cuerpo ungueal

CARNE Y UÑA

Tus uñas tienen dos tareas diferentes. Protegen los extremos sensibles de tus dedos y pies evitando heridas y moretones dolorosos. También ayudan a que los dedos muevan cosas porque son un soporte rígido para el tejido suave de las puntas de los dedos. La parte superior de las uñas, el cuerpo ungueal, está hecho de capas de tejido muerto. Debajo está la matriz, de donde crece la placa.

Las uñas de las manos crecen cuatro veces más rápido que las de los pies.

DEJA DE COMERTE LAS GARRAS

¿Por qué tienes uñas en vez de garras al final de los dedos? Debes agradecerles a tus ancestros trepadores de árboles, los simios. Sus garras se encogieron hasta volverse uñas para que sus yemas tuvieran mayor sensibilidad para moverse con seguridad por ramas delgadas.

CON CABEZA FRÍA

El tipo de pelo de cada persona fue definido por sus genes (páginas 20-21). Así como algunos tienen la piel clara u oscura dependiendo del lugar en el que sus ancestros vivieron, los tipos de pelo también están relacionados con la luz del sol y el calor. El pelo rizado protege la cabeza de los rayos dañinos del sol mejor que el pelo liso. También ayuda a que el aire lo recorra más fácilmente para refrescar la cabeza.

Pelo

Barba

BUSCA LAS SEMEJANZAS

No somos los únicos animales con pelo. Los mamíferos desarrollaron el pelaje para evitar que sus cuerpos perdieran el calor en clima frío. Como otros simios, no tenemos mucho pelo en la cara. El chimpancé, como muchos hombres, tiene pelo en la cabeza, el cuerpo y barba.

Uñas

Pelo en el pecho

Uñas de los pies

HOY TENEMOS...

Tu pelo comienza en los folículos pilosos, que están en la dermis (la capa de piel debajo de la epidermis). Nuevas células están siendo creadas constantemente, empujando a las antiguas hacia arriba y hacia afuera. Una capa de queratina (la misma sustancia de la uñas) se forma alrededor de esas células, que se empuja todavía más. Los folículos de algunos hombres se encogen con el pasar del tiempo, por eso no pueden salir a la superficie y… comienzan a quedarse calvos.

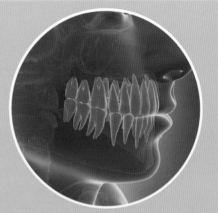

MUELAS DEL JUICIO

Los humanos alguna vez necesitaron las cordales para masticar raíces y comer carne cruda.

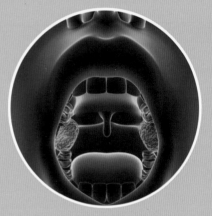

AMÍGDALAS

Ayudan a combatir infecciones, pero puedes sobrevivir sin ellas.

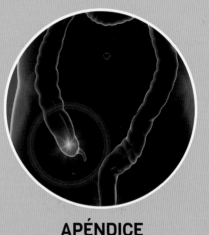

APÉNDICE

Los científicos pensaban que este órgano era inútil. Ahora sabemos que ayuda a eliminar gérmenes de los intestinos.

¿REPUESTOS QUE SOBRAN?

Si piensas en tu cuerpo como si fuera una máquina, entonces debe tener repuestos. Estas son partes que no se usan muy a menudo, incluso si antes tenían una función concreta. Esto sucede porque durante miles de años los humanos han cambiado y evolucionado.

SIN TRABAJO

¿Por qué los hombres tienen pezones? Es evidente que ellos no amamantan a los bebés. La razón reside en que todas las personas tienen el mismo desarrollo durante las primeras semanas en el vientre materno... y todas siguen instrucciones para ser hembras. Solamente a partir de algunas semanas, los varones comienzan a seguir instrucciones para ser sujetos masculinos. Pero para ese momento ya tienen pezones, y los conservan aunque no tengan ninguna función.

VIEJOS TIEMPOS

Otras partes del cuerpo como el coxis, el apéndice y las muelas del juicio son vestigios de cómo podríamos haber sido y vivido hace miles de años. En esa época, éramos mamíferos cazadores, masticábamos plantas y trepábamos árboles. Puedes considerar esas partes como vínculos fascinantes con el pasado.

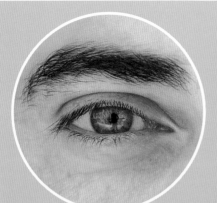

DETECTIVE DE CEJAS

Esta es tu oportunidad para ser un detective médico. ¿Por qué tenemos cejas? ¿Por qué los humanos pudieron necesitarlas antes? Una teoría es que detienen el sudor de la frente para evitar que caiga en los ojos. La otra teoría es que son importantes para comunicar emociones. ¿Qué crees tú?

UN GRAN DOLOR DE CABEZA

Algunas partes del cuerpo aún son un misterio y nadie sabe con seguridad para qué están hechas o para qué sirvieron en el pasado. Los senos nasales son un buen ejemplo. Son las cavidades vacías detrás de la nariz y las mejillas. Pueden hacerte doler la cabeza cuando se infectan, pero nadie sabe con certeza por qué las tenemos. La teoría más reciente es que los senos nasales evitan que la cabeza sea muy pesada: ¡el aire pesa menos que los huesos!

Senos nasales
(en rojo)

El coxis es la parte más baja de la comuna vertebral. ¡Es un vestigio de la cola que tenían nuestros ancestros!

SEGURO DE
VIDA

Tus pulmones y tu corazón están trabajando todo el tiempo, incluso cuando estás dormido. Tus pulmones inhalan del aire un gas llamado oxígeno. Mientras tanto, tu corazón bombea sangre a todas las partes de tu cuerpo. Esa sangre contiene el oxígeno que han conseguido los pulmones. Sin oxígeno, tu cuerpo no podría funcionar.

Sueños

Cuando haces ejercicio, tus pulmones y tu corazón se ponen a trabajar. Respiras más fuerte y tu corazón late más rápido para que llegue más oxígeno a tus músculos y puedan mantener el movimiento. Mientras más te ejercites, tu cuerpo rinde mejor y durante más tiempo.

DEPORTES

EMOCIONES

Un sobresalto o un susto también pueden hacer que tu respiración y latidos se aceleren. Esta reacción de "pelear o huir" es la manera como tu cuerpo te ayuda a sobrevivir en situaciones difíciles, porque te prepara para una actividad física intensa. Entonces, cuando sientes miedo, tus pulmones inhalan apresuradamente para proveer de oxígeno a la sangre, y el corazón late más rápido para bombear más sangre a los músculos.

PONLE CORAZÓN

Tu corazón es más o menos del tamaño de tu puño y tiene un trabajo muy importante: bombea sangre llena de oxígeno con fuerza y velozmente para que llegue a todas las partes de cuerpo. Nada funcionaría sin esa sangre cargada de oxígeno, por eso es un órgano tan importante.

LA FUERZA DEL CORAZÓN

Tu corazón está en medio de tu pecho, protegido por las costillas. Está cerca de los pulmones y funciona como una bomba propulsora. Antes de cada latido, tu corazón se llena de sangre. Luego se contrae fuertemente —eso es un latido— para enviar sangre a todo el resto del cuerpo. ¿Sabías que tu corazón late unas 100 000 veces al día y cerca de 35 millones de veces al año? ¡Eso es fenomenal!

TAMBORES DISTANTES

Puedes sentirte el corazón si te pones la mano en el pecho. Pero los latidos se sienten aún más lejos. También los puedes detectar en el pulso: pon tu mano sobre alguna de las arterias más grandes (llevan la sangre desde el corazón). Una de ellas está a un lado del cuello y la otra en el lado interno de tu muñeca.

ACTIVIDAD

Pide a un amigo que ponga dos dedos en el lado interno de tu muñeca. Cuando sienta el pulso, pídele que cuente cada pulsación durante quince segundos. Multiplica el resultado por cuatro y obtendrás tu pulso radial (pulsación por minuto).

CORAZÓN TRABAJADOR

Tu corazón tiene cuatro cavidades: el atrio izquierdo, el atrio derecho, el ventrículo izquierdo y el ventrículo derecho. La parte derecha recibe sangre desoxigenada (sangre sin oxígeno) que proviene del cuerpo y la envía a los plumones, donde se recarga de oxígeno. La sangre desoxigenada llega al corazón a través de unos vasos llamados venas, mientras que la sangre oxigenada que sale del corazón viaja a través de vasos llamados arterias. Las válvulas en el corazón evitan que la sangre fluya en dirección errada.

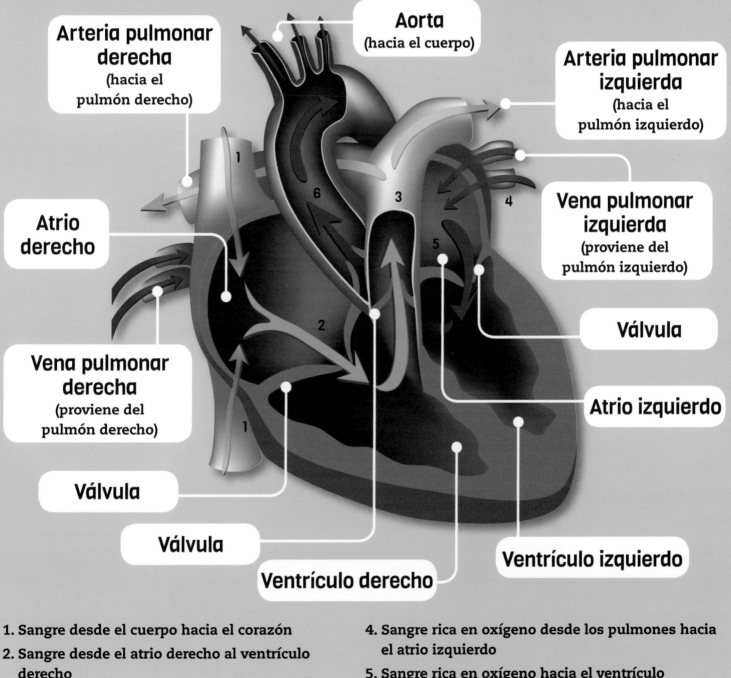

Arteria pulmonar derecha
(hacia el pulmón derecho)

Aorta
(hacia el cuerpo)

Arteria pulmonar izquierda
(hacia el pulmón izquierdo)

Atrio derecho

Vena pulmonar izquierda
(proviene del pulmón izquierdo)

Válvula

Vena pulmonar derecha
(proviene del pulmón derecho)

Atrio izquierdo

Válvula

Válvula

Ventrículo derecho

Ventrículo izquierdo

1. Sangre desde el cuerpo hacia el corazón

2. Sangre desde el atrio derecho al ventrículo derecho

3. Sangre del ventrículo derecho a los pulmones

4. Sangre rica en oxígeno desde los pulmones hacia el atrio izquierdo

5. Sangre rica en oxígeno hacia el ventrículo izquierdo

6. Sangre rica en oxígeno hacia todo el cuerpo

CICLO SIN FIN

Arteria carótida

Vena yugular

Aorta

Vena cava superior

Corazón

Aorta descendente

Vena cava inferior

Arteria femoral

Vena femoral

Arteria iliaca

Tu corazón, las venas y las arterias que transportan la sangre constituyen el sistema circulatorio. Funciona como una empresa de mensajería. Tu cuerpo necesita oxígeno y otros elementos para poder funcionar. Así que tu corazón bombea sangre a todas las partes de tu cuerpo. Una vez ha entregado los encargos, la sangre regresa al corazón para recibir más oxígeno y comenzar el ciclo de nuevo.

EL CIRCUITO

Tu sistema circulatorio transporta sangre cargada de oxígeno y nutrientes a todo el cuerpo. Si comparas tu sistema circulatorio con una malla vial, las avenidas más grandes y concurridas serían las arterias y las venas. La aorta es la arteria más importante. El corazón bombea sangre oxigenada del ventrículo izquierdo a la aorta. La aorta se divide y ramifica en arterias más pequeñas —como la arteria carotidea del cuello— que llevan la sangre a todas las partes del cuerpo. Una vez las células de tu cuerpo han recibido el oxígeno, las venas deben llevar la sangre de regreso al corazón. La vena cava superior transporta la sangre de los brazos y la cabeza, y la vena cava inferior transporta sangre de la parte inferior del cuerpo.

MÁS RUTAS

Las arterias y las venas están conectadas mediante tubos diminutos llamados capilares. Son tan delgados que la sangre que viene de las arterias pasa fácilmente. Las células de la sangre liberan el oxígeno a las células del cuerpo que estén cerca a través de la pared capilar. Al mismo tiempo, recogen desechos que excretan las células del cuerpo. El principal tipo de desecho es un gas llamado dióxido de carbono. Luego, la sangre viaja por las venas rumbo al corazón.

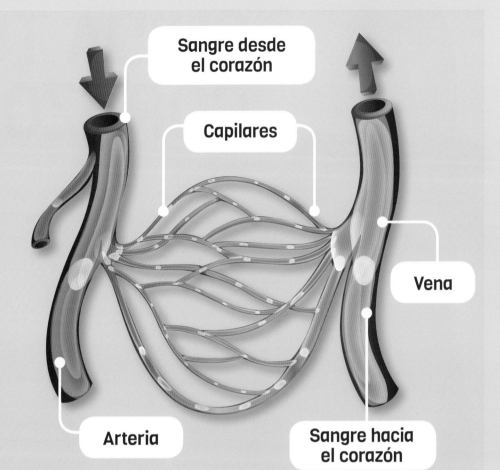

Sangre desde el corazón

Capilares

Vena

Arteria

Sangre hacia el corazón

CÉLULAS DE LA SANGRE

Tu sangre contiene tres tipos de células. Los glóbulos rojos recogen el oxígeno de los pulmones y lo guardan en compartimientos junto con otras vitaminas y nutrientes. Los glóbulos blancos ayudan a tu cuerpo a combatir las infecciones. Las plaquetas son las más pequeñas. Su trabajo es reparar los agujeros que surgen en el revestimiento de los vasos sanguíneos. También te ayudan a sanar cuando te haces una herida. Los tres tipos de células flotan en un líquido llamado plasma.

El cuerpo humano tiene cerca de

100 000 kilómetros

de vasos sanguíneos: ¡Lo suficiente para darle la vuelta al mundo dos veces y media!

CUIDA TU CORAZÓN

Tu corazón necesita ejercitarse regularmente para estar saludable. No es perezoso (de hecho, late más de 100 000 veces al día y ni siquiera tienes que estar pendiente). Tu cuerpo produce automáticamente un impulso eléctrico que acciona cada uno de los latidos.

CORAZÓN SALUDABLE

Es cierto que tu corazón trabaja automáticamente, pero mantenerlo saludable depende de ti. Por ejemplo, el tamaño de tu corazón depende del tamaño de tu cuerpo. Pero si le pones demasiado peso al cuerpo, el trabajo del corazón se hace muy difícil.

HAZ EJERCICIO

El ejercicio regular ayuda a la salud del corazón. También lo fortalece (no olvides que es un músculo). Si tu corazón no está en forma, tus músculos y las otras partes de tu cuerpo no recibirán oxígeno suficiente. Eso implica tener menos energía. Por eso, las personas sedentarias se cansan y se quedan sin aliento más rápidamente.

El ejercicio regular ayuda a fortalecer el corazón y ayuda a la circulación.

SEÑALES DE HUMO

Fumar daña las células de la sangre y causa la acumulación de una sustancia cerosa en las arterias. Con el tiempo, esta sustancia se endurece y dificulta el paso de la sangre a través de las arterias. Esto puede provocar enfermedades cardiacas, infartos e incluso falla del corazón.

CORRE POR TU VIDA

Correr es un ejercicio muy sencillo que eleva la frecuencia cardiaca y promueve la buena salud. ¡No necesitas equipos especiales y es gratis!

ALIMENTOS BUENOS PARA EL CORAZÓN

Comer vegetales frescos y frutas en una dieta balanceada es saludable porque tu cuerpo recibe los nutrientes necesarios para funcionar correctamente. Además, los alimentos frescos no contienen ingredientes añadidos que causen problemas en el corazón y en los vasos sanguíneos.

ACTIVIDAD

Puedes ver las obstrucciones que se pueden crear en los vasos sanguíneos. Estira un globo largo y corta el extremo cerrado. Conecta uno de los extremos a una manguera de agua, mantenlo firme y abre el grifo para que corra el líquido. Observa cómo el agua sale por el otro extremo. Ahora aprieta el extremo final. El agua se acumula en el nudo como la sangre que se ha bloqueado.

BOCADOS SALADOS

Demasiada sal puede ser perjudicial. Comer muchos alimentos salados hace que el cuerpo retenga más agua de la necesaria. El líquido de más en la sangre presiona las paredes de los vasos sanguíneos y también el corazón.

AIRE FRESCO

Tus pulmones son uno de los órganos más grandes de tu cuerpo. Trabajan en el sistema respiratorio para ayudarte a inhalar aire fresco. Aunque no puedas verlo, el aire que respiras contiene varios tipos de gases. El oxígeno es el gas más importante porque tu cuerpo lo necesita para tener energía y crecer.

Tráquea

Pulmón derecho

Pulmón izquierdo

UN VIAJE POR LA TRÁQUEA

Cuando inhalas, el aire viaja de tu boca y nariz hacia los pulmones. Tus dos pulmones tienen la misma función, pero tu pulmón izquierdo es ligeramente más pequeño porque le hace campo al corazón. El aire viaja a través de un tubo llamado tráquea. El interior de la tráquea está recubierto con pelos diminutos llamados cilios, que se encargan de atrapar partículas que pueden flotar en el aire.

RAMIFICACIONES

Cuando tu tráquea llega a los pulmones se divide en dos tubos llamados bronquios, que se conectan a los pulmones, donde se ramifican en bronquios cada vez más pequeños hasta llegar a ser del tamaño de un pelo, momento en el que adquieren el nombre de bronquiolos. Existen unos 30 000 bronquiolos en cada pulmón. Terminan en sacos de aire diminutos llamados alvéolos.

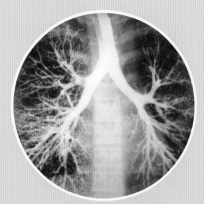

INTERCAMBIO DE GASES

La labor de tu sistema respiratorio es llevar oxígeno al cuerpo y eliminar los desechos, constituidos por otro gas llamado dióxido de carbono. Cuando inhalas, el oxígeno pasa a través de las paredes de los alvéolos y llega a las células de la sangre en los capilares. Una vez cargada de oxígeno, la sangre está lista para continuar su camino. Pero, antes de partir, la sangre libera sus desechos de dióxido de carbono en los alvéolos. Entonces ellos los expulsan por la misma vía hacia afuera del cuerpo.

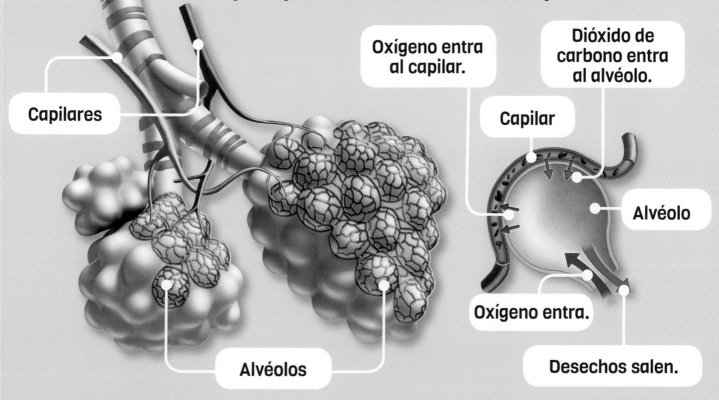

Bronquiolo

Capilares

Oxígeno entra al capilar.

Dióxido de carbono entra al alvéolo.

Capilar

Alvéolo

Oxígeno entra.

Alvéolos

Desechos salen.

DIRECTO AL CORAZÓN

La sangre cargada de oxígeno pasa de los pulmones directamente al corazón a través de la vena pulmonar, y está lista para ir a todas las partes de cuerpo. El movimiento que va del corazón a los pulmones se denomina circulación pulmonar.

Si pudieras esparcir los 300 millones de alvéolos que están en el interior de los dos pulmones de un adulto, ¡ocuparían una cancha de tenis!

TIENES LA PALABRA

Uno de los órganos más trabajadores de tu cuerpo es el diafragma. Se asegura de que inhales aire rico en oxígeno y de que exhales aire que contiene desechos. Ese aire que sale también crea los sonidos que utilizas para comunicarte: ya sea un susurro, un grito o una canción alegre.

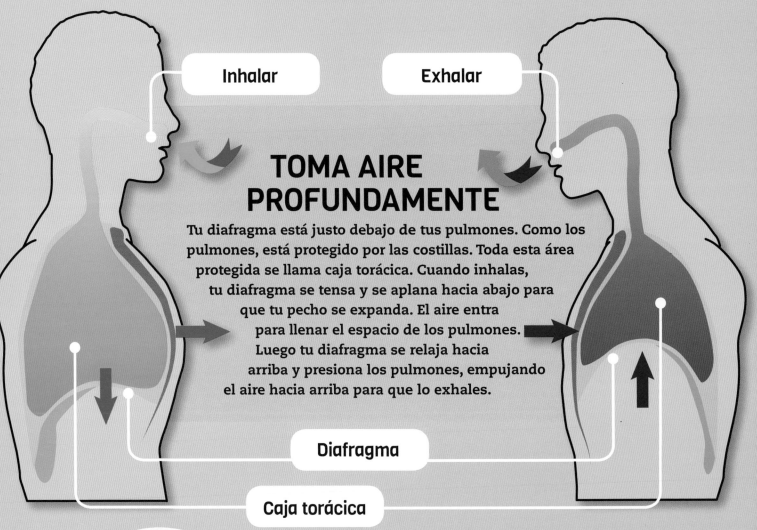

Inhalar

Exhalar

TOMA AIRE PROFUNDAMENTE

Tu diafragma está justo debajo de tus pulmones. Como los pulmones, está protegido por las costillas. Toda esta área protegida se llama caja torácica. Cuando inhalas, tu diafragma se tensa y se aplana hacia abajo para que tu pecho se expanda. El aire entra para llenar el espacio de los pulmones. Luego tu diafragma se relaja hacia arriba y presiona los pulmones, empujando el aire hacia arriba para que lo exhales.

Diafragma

Caja torácica

DE SALIDA

Exhalar es tan importante como inhalar. Tu cuerpo necesita eliminar el dióxido de carbono y otros tipos de desechos. Si el dióxido de carbono se acumulara en tus pulmones y en tu cuerpo, podría afectar tus huesos y tu respiración. Puedes aguantar el aire por un tiempo corto, pero finalmente tu cuerpo te hará exhalar de nuevo.

ALGO QUE DECIR

Los sonidos que emites con la voz se generan en la laringe, ubicada en la parte alta de la tráquea. Cuando hablas, tus cuerdas vocales se tensan y se mueven una más cerca de las otras. El aire que proviene de los pulmones pasa entre las cuerdas vocales y, por eso, estas se mueven o vibran. Esta vibración produce el sonido de tu voz. Tu lengua, labios y dientes te ayudan a transformar este sonido en palabras. Cuando te hagas mayor, la laringe se hará más grande y, por eso, tu voz será más grave.

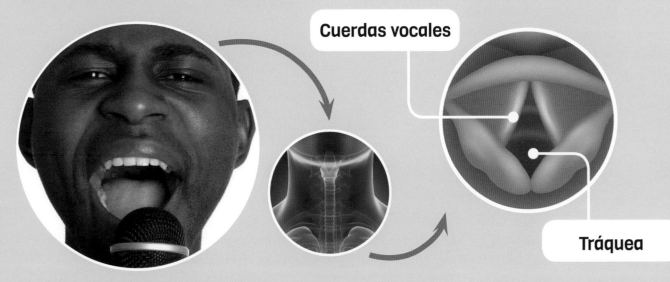

Cuerdas vocales

Tráquea

ACTIVIDAD

¡Bostezar es contagioso! Siéntate junto a un amigo y traten de relajarse. Luego, pídele a tu amigo que bostece. Verás que te hace bostezar de inmediato. Un bostezo es un ejercicio que hacen los pulmones porque los estira y mantiene en forma.

En 1994 Annalisa Flanagan ganó un concurso y rompió el récord mundial por gritar lo más alto posible la palabra *silencio*.

¿SABÍAS QUE?

Tu corazón y tus pulmones, junto con los sistemas en los que operan (circulatorio y respiratorio), son asombrosos. A continuación te enterarás de algunos datos acerca de los órganos que te mantienen vivo, sano y activo.

24 HORAS, SIETE DÍAS A LA SEMANA

Cuando vas a dormir en la noche, tu cuerpo sigue trabajando. Tu cuerpo necesita nutrientes y oxígeno todo el tiempo para que los sistemas circulatorio, respiratorio y otros sigan funcionando. Así que incluso cuando estás descansando, tu corazón está bombeando sangre a todo el cuerpo y tus pulmones siguen respirando.

Una persona inhala en promedio 16 veces cada minuto, es decir, 960 veces cada hora, 23 040 cada día, 8 409 600 cada año y más de 670 millones en toda su vida.

Después de todo el trabajo que ha estado haciendo durante la noche, tu cuerpo necesita recargar sus baterías. Por eso el desayuno es una de las comidas más importantes. Te sube los niveles de energía y te mantiene con fuerza hasta el almuerzo.

SANGRE LABORIOSA

Tu sangre está llena de metal. La hemoglobina es una proteína rica en hierro y es la sustancia que carga el oxígeno dentro de la sangre. Cuando llega a tus músculos, la hemoglobina libera el oxígeno. Al mismo tiempo, recoge los desechos de dióxido de carbono y se los lleva consigo. La imagen de la derecha muestra un modelo generado por computador de la molécula de la hemoglobina.

AUTODES-TRUCCIÓN

Las células de la sangre, como los glóbulos rojos, no viven para siempre; mueren porque han contraído una infección o porque se autodestruyen. Una vez han dejado de trabajar correctamente, las células están programadas para liberar químicos que las desintegran. Los restos se eliminan como desecho.

DONAR SANGRE

Las personas saludables pueden donar sangre a otras que lo necesiten. Si donas sangre, no debes practicar ningún ejercicio durante algunas horas porque tu cuerpo necesita tiempo para fabricar sangre nueva y reemplazarla por la sangre que donaste. Para hacer ejercicio también necesitarías más oxígeno. Aunque la sangre de todas las personas cumple las mismas funciones, existen diferentes tipos de sangre clasificados en grupos.

POCO AIRE

En las montañas altas, el aire es "escaso". Eso significa que tiene menos oxígeno. Cada inhalación de un escalador recoge menos oxígeno que el que obtendría a un nivel más bajo. Como respuesta, el cuerpo del escalador gradualmente produce más glóbulos rojos para poder captar más del oxígeno disponible.

DESAFÍA TUS LÍMITES

Tu cuerpo está bien equipado para suministrar oxígeno a tus músculos. Cuando te ejercitas bastante, tus sistemas circulatorio y respiratorio trabajan duro: tienen la labor de conseguir oxígeno para tus músculos tan rápido como sea posible y deshacerse del dióxido de carbono y otros desechos.

¡BOMBÉALO!

Todos los tipos de ejercicio te ayudan a estar en forma. El entrenamiento regular te pone en forma y así puedes ejercitarte por más tiempo. Eso sucede porque utilizar los músculos con frecuencia y aumentar su rendimiento los hace más fuertes. Este es el principio de todo entrenamiento y funciona tanto para tu corazón como para tus brazos y piernas. Cuando haces ejercicio, tienes que respirar más vigorosamente y tu corazón necesita bombear más rápido, y también todo el oxígeno que circula se consume más eficientemente.

Una pareja de Nueva Zelanda, de 60 años, marcó un récord mundial al correr una maratón diaria (42 kilómetros) en 2013. Terminaron el año corriendo su maratón número 366 el día de Año Nuevo de 2014.

ACTIVIDAD

Pide a un amigo que te mida el pulso (página 66). Después sube y baja una escalera tres veces y trotando. Luego pide a tu amigo que te mida el pulso de nuevo. Comprobarás que tu corazón trabajó más duro para llevar sangre a tus músculos.

ENTRENAR ALTO, COMPETIR BAJO

Los atletas a menudo se entrenan con el método "entrenar alto, competir bajo", que consiste en pasar semanas de entrenamiento en lugares de mayor altitud sobre el nivel del mar, porque el aire tiene menos oxígeno. En estas condiciones, el cuerpo debe producir más glóbulos rojos y así capturar oxígeno con mayor eficiencia. Luego, cuando los atletas compiten en altitudes menores, cada respiración contiene más oxígeno. Más oxígeno y más glóbulos rojos resultan en más energía, y eso puede ser decisivo para ganar el primer lugar.

COME, RELÁJATE

Después de haber comido, tu sistema digestivo necesita mucha sangre. Por esa razón, no debes hacer ejercicio justo después de comer. A tu cuerpo se le dificulta comer y hacer ejercicio al mismo tiempo. Mientras haces ejercicio, tu cuerpo está concentrado en los músculos que están trabajando más, no solamente los pulmones y el corazón. Tu sistema nervioso ayuda a hacer más lento el flujo de sangre a otros órganos que no lo necesitan tan urgentemente. Lo logra porque hace más angostos los vasos que conducen a esos órganos, como si apretaras una manguera de jardinería, y a la vez hace más amplios los vasos que conducen a los músculos activos.

SENTIR QUE ARDE

La gente habla de "sentir que arde o quema" cuando el ejercicio es exigente. La sensación de "quemar" proviene del ácido láctico, que se produce cuando los músculos han usado todo el oxígeno disponible en la sangre. Sostén algo en una mano con tu brazo estirado durante un minuto o hasta el máximo que puedas. Después de un rato sentirás que arde. Esta sensación dolorosa es la manera como el cuerpo te avisa que debes detener lo que sea que estés haciendo.

EL MÁS TRABAJADOR

El hígado es uno de los órganos más grandes y tiene muchas labores. Produce proteínas que le dan a tu cuerpo el poder de sanar. Filtra y limpia la sangre en el sistema circulatorio. Y también te ayuda a tomar lo bueno de los alimentos difíciles de digerir, como las grasas.

LA FÁBRICA DEL CUERPO

Tu hígado se ubica justo debajo del diafragma (ver página 74). Al igual que el mismo diafragma, los pulmones y el corazón, está protegido por las costillas. Aunque hace parte de tu sistema digestivo (página 36), el hígado también es vital para la sangre y el sistema circulatorio. Es como una fábrica con muchos departamentos. Algunos fabrican sustancias esenciales. Otros separan nutrientes útiles de los desechos en la sangre. Todo ese trabajo requiere mucha energía. Por eso, hay un vaso mayor llamado arteria hepática, que transporta sangre cargada de oxígeno desde el corazón hasta el hígado.

El hígado es el único órgano interno que se puede regenerar a sí mismo. También contiene cerca de 1/7 del suministro total de sangre del cuerpo, ¡disponible en cualquier momento!

Vena cava inferior

Aorta

Vesícula

Arteria hepática

Vena porta

DONACIONES DE SANGRE

La sangre llega al hígado desde dos torrentes. La sangre rica en oxígeno viene a través de la arteria hepática directamente desde la aorta en el corazón. La vena transporta sangre desde tus intestinos. El oxígeno en esta sangre ha sido usado en el sistema digestivo, pero al mismo tiempo esta sangre ha recogido algunos nutrientes esenciales. El hígado filtra esa sangre para que esos nutrientes puedan llegar a otras partes del cuerpo.

MANEJO DE DESECHOS

Tu hígado está hecho de miles de pequeños lóbulos (en la imagen). Cada lóbulo está conectado a muchos vasos que transportan sangre desde y hacia el hígado. Los lóbulos filtran la sangre. Los nutrientes útiles se desintegran y se devuelven a la sangre. El hígado utiliza el material de desecho para crear bilis, sustancia que ayuda a digerir las grasas (ver página 36). Otros desechos se envían en la sangre hacia los riñones (página 38), que los eliminan en la orina.

PODERES CURATIVOS

Cuando te cortas o te raspas, el hígado ayuda a que tu cuerpo cure las heridas. Cuando tu piel sufre un daño, unas células especiales llamadas plaquetas trabajan para detener la hemorragia y crear un parche —una costra— para evitar que entren gérmenes (como muestra la imagen). Las plaquetas necesitan combinarse con ciertas proteínas llamadas factores de coagulación. La coagulación es un término médico que describe el proceso de solidificación de la sangre. Estas proteínas se producen en el hígado.

¿CAPTAS EL MENSAJE?

Hipotálamo

El cuerpo se manda mensajes a sí mismo todo el tiempo. Son mensajes químicos llamados hormonas. Algunas hormonas envían mensajes durante un periodo bastante largo, por ejemplo, las que le dicen a tu cuerpo cómo crecer. Otras te ayudan a lidiar con problemas inmediatos, como cuando te persigue un perro.

Glándula tiroides

MENSAJEROS QUÍMICOS

Las glándulas son órganos que producen un tipo particular de químicos. Estos químicos tienen efectos variados a tu cuerpo. Las glándulas envían hormonas químicas a tu sangre para que sean transportadas a las partes del cuerpo requeridas. Algunas hormonas les dicen a ciertos órganos qué tan activos deben estar para digerir la comida. Las hormonas también te ayudan a enfrentar una emergencia, dotándote de mayor fuerza. ¡Algunas hormonas estimulan otras glándulas para que estas hagan más hormonas!

Timo

Glándulas suprarrenales

Glándulas reproductivas

La epinefrina se denomina la hormona "lucha o huida". Tu cuerpo la produce cuando estás en una situación en la que quizá tengas que luchar... ¡o salir corriendo!

CONTROL DE VELOCIDAD

La glándula tiroides, en la parte frontal del cuello (de color rojo en la imagen), produce una hormona que controla la velocidad a la que tus células están usando los nutrientes para producir energía. Esta velocidad se llama ritmo metabólico. Las personas con un ritmo metabólico alto queman la energía más rápidamente que quienes tienen un ritmo lento. La glándula tiroides envuelve la laringe (azul claro en la imagen). Puedes tocarla bajo la piel de tu cuello.

¿TIENES SUEÑO?

La glándula pineal está ubicada en el cerebro y tiene la forma de una piña de pino, y por eso recibe ese nombre. Esta glándula fabrica una hormona que regula los patrones del sueño y se llama melatonina. Así que cuando tienes sueño y quieres irte a la cama, ya sabes que la responsable es la glándula pineal.

SIGUE AL MAESTRO

Aunque es apenas del tamaño de una arveja, a la glándula pituitaria —ubicada en la base de tu cerebro— se le conoce como la glándula maestra. Esto es porque envía mensajes al resto de glándulas y se asegura así de que el trabajo está bien equilibrado. El hecho de estar tan cerca del cerebro es de gran ayuda porque reacciona casi inmediatamente a sus señales.

TENER EL
CONTROL

Como el director de una orquesta, tu cerebro toma decisiones y te guía todo el tiempo. Las diferentes áreas de tu cuerpo se concentran en labores especializadas. Algunas de esas labores necesitan acciones veloces (como decirle a tu cuerpo cuáles músculos mover cuando están corriendo o nadando). Otras, como hacer una tarea del colegio, pueden tomarse más tiempo.

Tu cerebro se fía de los sentidos para obtener información. Tus sentidos son como centinelas que envían reportes constantemente al cuartel general. Aquello que ves, oyes, saboreas, hueles y tocas le ayuda al cerebro a decidir cómo guiarte y qué recordar.

Tu cerebro está conectado a otras partes de tu cuerpo a través del sistema nervioso. Es como un grupo de avenidas congestionadas, con mucho tráfico en ambas direcciones. Tus sentidos mandan información a lo largo de los nervios hacia el cerebro y tu cerebro utiliza el sistema nervioso para enviar mensajes al resto del cuerpo.

EL CEREBRO ES EL JEFE

Tu cerebro es el jefe de tu cuerpo. Recibe información constantemente, preserva las cosas que aprendes y las experiencias que vives, y da órdenes al resto del cuerpo.

Tallo cerebral

Cerebro

Médula espinal

Cerebelo

TU DISCO DURO

Tu cerebro pesa 1,5 kg en promedio y se parece mucho a una toronja arrugada. En su interior hay 100 mil millones de células nerviosas, el comando central del sistema nervioso. El cerebro humano se compara a menudo con un computador. Envía y recibe señales del resto del cuerpo a través de la médula espinal, que se extiende hacia la columna. Cada parte de tu cerebro es responsable de hacer una labor especial: decidir si enfadarte por algo, cuáles músculos usar, o ponerte un abrigo para calentarte.

¿NÚMERO EQUIVOCADO?

Las diferentes áreas del encéfalo se concentran en labores diferentes. La parte más grande se llama cerebro, que es la parte de arriba de la cabeza. Aquí es donde tienen lugar tus pensamientos y se guardan tus recuerdos. El cerebelo, en la parte de atrás, controla los movimientos. Tu tallo cerebral se conecta a la columna vertebral y está encargada de la digestión, el flujo de sangre y la respiración.

PILOTO AUTOMÁTICO

Al principio, llevar a cabo algunas actividades, como montar bicicleta o bailar una coreografía, requieren de mucha concentración. Pero después de un tiempo, tu cerebelo se acostumbra y recuerda cómo hacer esas actividades automáticamente y "sin pensar".

ACTIVIDAD

Pon una docena de objetos diferentes sobre una bandeja. Diles a tus amigos que observen los objetos durante un minuto. Luego retira la bandeja. Ahora pide a tus amigos que escriban los objetos que puedan recordar. ¿Cuál de tus amigos es el mejor en esta tarea mental?

¿DERECHO O IZQUIERDO?

Tu encéfalo tiene dos mitades: la derecha y la izquierda. La parte izquierda parece estar relacionada con acciones "prácticas", como las matemáticas y el lenguaje. La parte derecha se concentra más en actividades "artísticas", como la música y el reconocimiento de caras. Todos tenemos ambas partes, pero las personas que escriben con la mano derecha parece utilizar más su mitad izquierda de cerebro… y las zurdas su mitad derecha.

Tu cerebro opera con la misma cantidad de energía que un bombillo de 10 vatios.

¡QUÉ NERVIOS!

Tu cerebro y médula espinal están conectados a una enorme red de nervios que transportan información por todo el cuerpo. Los tres forman el sistema nervioso. En solo una fracción de segundo los mensajes viajan desde y hacia el cerebro y deciden todo lo que haces y piensas.

Cerebro

Tallo cerebral

Médula espinal

Nervio radial

RED DE NERVIOS

Los nervios que constituyen el sistema nervioso son hilos de células nerviosas o neuronas. Muchos de los nervios principales reciben nombres según la función que cumplen. La médula espinal es un largo atado de nervios que mide unos 40 centímetros y contiene 31 pares de nervios, incluidos los torácicos y lumbares. Estos nervios se ramifican al resto del cuerpo. El nervio ciático es el más largo del cuerpo. El nervio radial comienza en el radio, uno de los huesos de tu brazo.

Nervios lumbares

Nervios torácicos

Nervio ciático

DE AQUÍ PARA ALLÁ

Los nervios transportan información desde y hacia el cerebro. Las neuronas sensoriales envían mensajes desde el cuerpo hacia el cerebro. Las neuronas motoras transportan mensajes desde el cerebro hacia los músculos para ordenarles cuándo y cómo moverse. Otras neuronas mandan información entre las neuronas sensoriales y las motoras.

El interior de una neurona

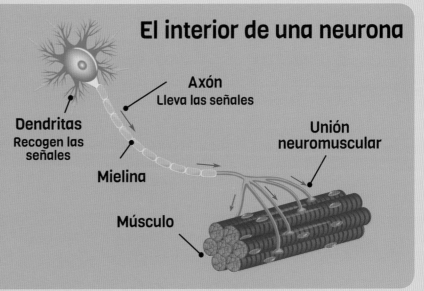

Axón
Lleva las señales

Dendritas
Recogen las señales

Unión neuromuscular

Mielina

Músculo

IMPRESIONANTE

Las neuronas reciben y envían señales como impulsos eléctricos. La señal eléctrica produce un cambio químico en la sinapsis (el lugar donde dos neuronas se encuentran). Esto permite que el pulso eléctrico se salte el espacio que las separa. El pulso continúa de esta manera, de una neurona a otra, mientras recorre todo el nervio. ¡Y todo esto sucede en menos de un segundo!

Cruzar los brazos ayuda a reducir el dolor de manos y brazos. El "mensaje de dolor" se interrumpe mientras viaja a través de las neuronas.

REACCIÓN EN CADENA

Las neuronas tienen muchas formas diferentes, pero todas tienen un núcleo y dos partes especiales llamadas dendritas y axones. Las dendritas recogen señales de otras neuronas y los axones las transmiten. Las neuronas están alineadas en cadenas, pero no se tocan. Los mensajes viajan de una neurona a otra saltando los pequeños espacios o sinapsis entre ellas.

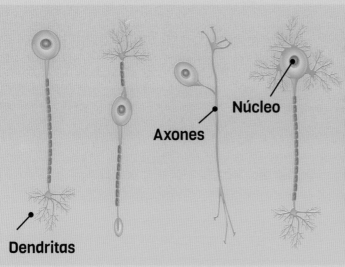

Núcleo

Axones

Dendritas

TESTIGO OCULAR

Piensa en toda la información que obtienes a través de tus ojos: juegos divertidos, películas y libros. Tus ojos reciben mensajes constantemente, enfocan imágenes y luego envían señales al cerebro. Te dicen lo que hay a tu alrededor, qué tan cerca están, cuál es su tamaño, si se mueven, y mucho más.

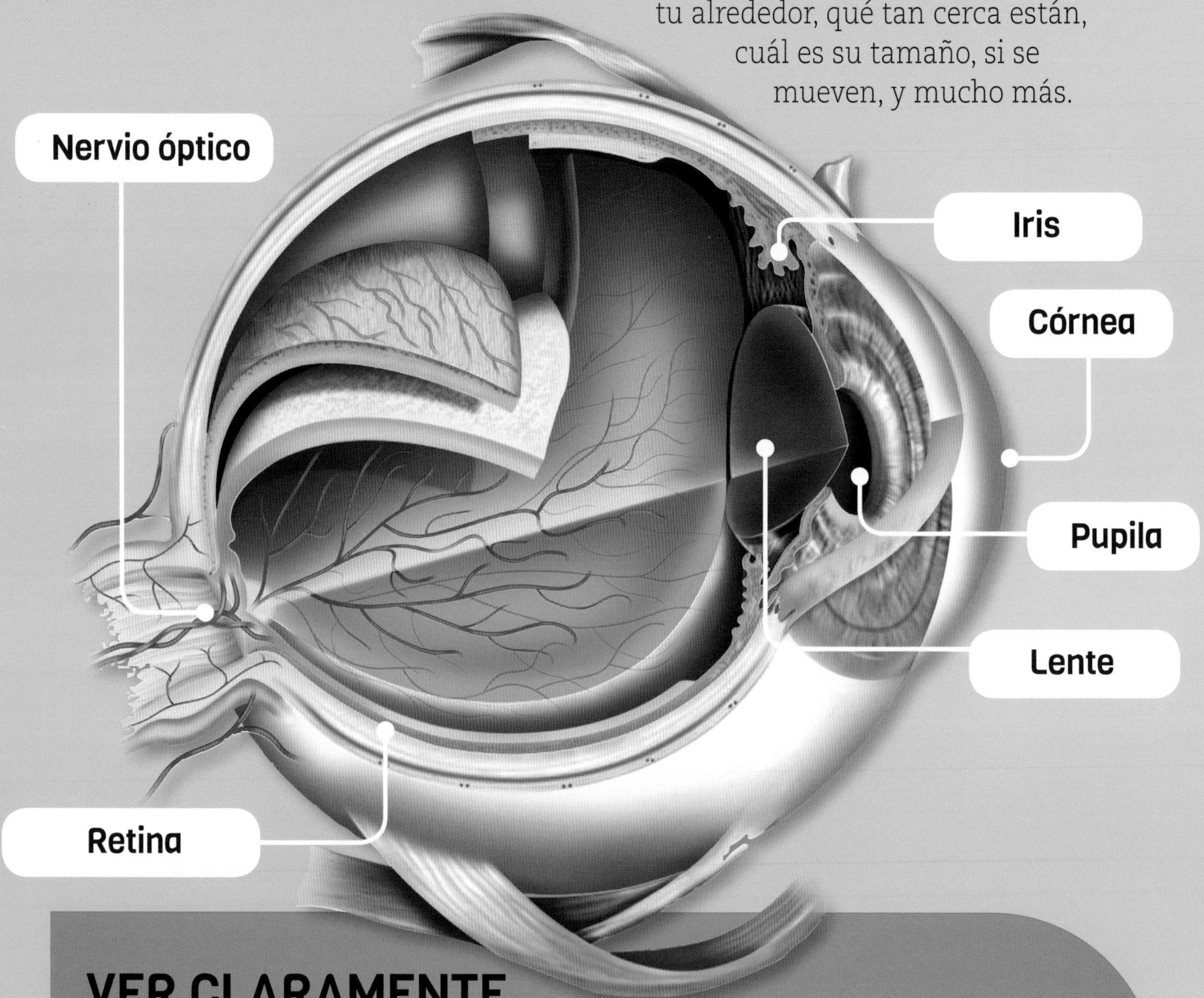

Nervio óptico

Iris

Córnea

Pupila

Lente

Retina

VER CLARAMENTE

Cuando miras un objeto, la luz entra a tu ojo a través de la pupila (el agujero oscuro en medio de tu ojo). El iris cambia el tamaño de la pupila, dependiendo de cuánta luz haya. El lente enfoca la luz dentro de la retina hacia el fondo del ojo. Ahí, la luz se convierte en un estímulo eléctrico que viaja a través del nervio óptico hacia el cerebro, donde toma forma la imagen de lo que estás observando.

DOS OJOS SON MEJOR QUE UNO

¿Por qué tienes dos ojos? Para ayudarte a discernir qué tan lejos están los objetos. Cuando miras algo, tus dos ojos ven la imagen ligeramente diferente. La diferencia depende de qué tan lejos está el objeto. Tu cerebro recibe las dos imágenes e instantáneamente entiende la distancia a la que se encuentra el objeto. Esta habilidad se llama percepción de profundidad.

EL MUNDO TRIDIMENSIONAL INVERTIDO

Tu retina contiene millones de células receptoras especiales, como se muestra a la izquierda. Estas células responden a la luz que entra a tus ojos. Cuando el lente enfoca imágenes sobre la retina, las proyecta de forma invertida. Así que para ver correctamente, tu cerebro las invierte de nuevo. Tu cerebro también hace confluir las dos imágenes ligeramente distintas que captan cada uno de los ojos. Al hacer eso, tu cerebro crea una imagen 3D de lo que están observando.

ACTIVIDAD

Sostén un lápiz en cada mano con los brazos estirados hacia el frente. Cierra un ojo e intenta tocar la punta de uno de los lápices con la punta del otro. Ahora inténtalo con los dos ojos abiertos. Debería ser mucho más fácil gracias a la percepción de profundidad.

El tamaño de tus ojos cambia muy poco desde el día en que naciste hasta cuando te haces adulto.

¡OYE!

Los sonidos que escuchas son al principio ondas en el aire. Tu oído recibe esas ondas y la convierte en señales que envía al cerebro. Tu cerebro les da sentido a los patrones de sonido que escuchas para que puedas reconocer la música, el habla y voces familiares. Otros sonidos como gritos y sirenas te advierten sobre peligros.

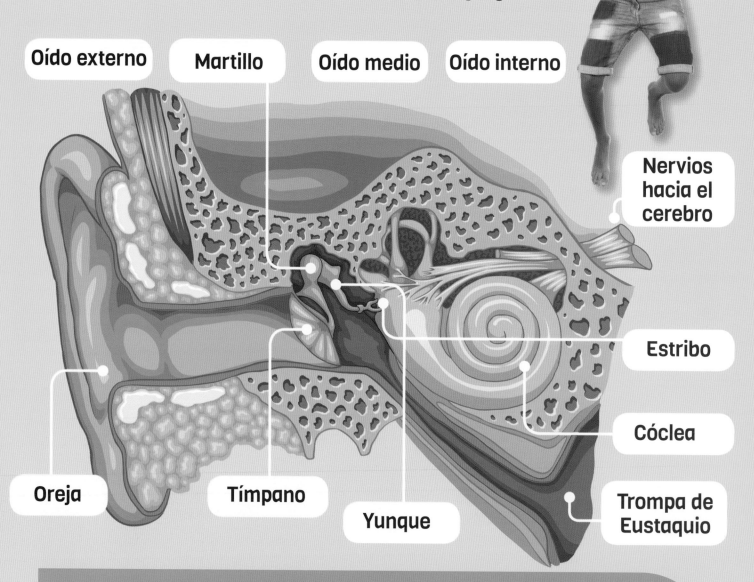

Oído externo **Martillo** **Oído medio** **Oído interno**

Nervios hacia el cerebro

Estribo

Cóclea

Trompa de Eustaquio

Oreja **Tímpano** **Yunque**

ONDAS DE SONIDO

La oreja es la parte de tu oído externo que está a la vista. Su labor es capturar sonidos para que viajen a través del canal auditivo hacia el oído medio. Esas ondas de sonido se convierten en movimientos o vibraciones en tu oído medio y luego pasan al oído interno.

LA SECCIÓN DEL TÍMPANO

En el tímpano tu oído externo y medio se conectan. Las ondas de sonido hacen que se mueva o vibre. Las vibraciones causan que tres pequeños huesos —martillo, yunque y estribo— vibren también. Esas vibraciones crean ondas en un líquido dentro de la cóclea, en el oído interno. Los pequeños pelos dentro de la cóclea reciben ese movimiento y envían señales a las células nerviosas. En ese punto el sistema nervioso se involucra y las envía al cerebro. Y así escuchas los sonidos.

Los oídos fabrican cera para limpiar y proteger su interior. Pequeños pelos llamados cilios mueven la cera hacia afuera del oído.

SENTIR LA PRESIÓN

Puedes haber sentido en varias ocasiones una sensación de presión en el interior de tus oídos cuando recorres una montaña por carretera o cuando viajas en avión. Esto sucede porque el aire dentro de tus oídos tiene una presión diferente de la del aire del ambiente. Cuando la presión del aire externo aumenta, empuja el tímpano. Para equilibrar esta acción, tu cuerpo mete aire a través de las trompas de Eustaquio, que conectan tus oídos con tu garganta. Tus oídos entonces se "destapan" cuando el aire se ha balanceado o ecualizado a cada lado del tímpano.

¿CUÁL ES TU FRECUENCIA?

Los sonidos y poder escucharlos tienen que ver con las vibraciones. La velocidad con la que se mueven las ondas determina si estos son agudos o bajos. Esa velocidad se llama frecuencia porque describe qué tan frecuentes están siendo las vibraciones del aire. Algunas frecuencias son muy altas o muy bajas para el oído humano. Si soplas un pito para perros, tu mascota lo escucha pero tú no. La habilidad de escuchar frecuencias muy altas o muy bajas se va perdiendo a medida que pasa el tiempo. De hecho, algunos teléfonos tienen sonidos especiales para que la gente mayor los escuche.

HUELE BIEN, SABÉ MEJOR

¡SABROSO!

La imagen de arriba muestra las bolitas rosadas en aumento. Se llaman papilas gustativas y están provistas de células especiales que captan los químicos que producen los sabores de los alimentos que comes. Las células que captan los sabores dulces responden cuando comes chocolate o pastel. Las que captan sabores salados cuando comes papas fritas o maíz.

Durante mucho tiempo, los científicos pensaban que podíamos percibir cuatro tipos de sabores principales: dulce, amargo, salado y agrio. Ahora se considera que existe un quinto sabor, denominado umami, que surge fuertemente cuando comes carne. Incluso se cree que existen entre seis y siete sabores más. Puedes detectar el sabor del calcio en los vegetales o del dióxido de carbono en una lata de gaseosa.

Saca la lengua y míratela en un espejo. Verás muchas bolitas rosadas: ellas te permiten saborear la comida. Algunas células especiales detectan los sabores y envían el mensaje al cerebro. La mayoría de esas células están en la lengua, pero hay algunas en el paladar y en la parte de atrás de la garganta. Además, la nariz también te ayuda a tener una idea más clara de lo que estás probando.

HUELE BIEN

La manera como hueles algo es muy similar a como pruebas algo. Nuestros sentidos del olfato y del gusto tienen una relación cercana. Cualquier cosa que puedes oler —la gasolina en una estación de servicio, una rodaja de limón, pan recién horneado— está despidiendo químicos al aire. Estos químicos flotan hasta tu nariz y se disuelven en el moco, que es el líquido en el interior de la nariz.

SEÑALES OLFATIVAS

Los quimiorreceptores son células especiales (a la izquierda) que se encuentran muy adentro de la nariz. Ellas reaccionan a ciertos químicos disueltos y envían señales aún más adentro de la nariz. Esas señales viajan a través de los nervios a diferentes partes de tu cerebro. El olfato es un sentido importante. Por ejemplo, si hueles humo o gas, te puede alertar de un posible peligro.

Tu nariz también ayuda a saborear los alimentos. Mientras masticas, la comida libera químicos. Algunos de ellos flotan hacia la nariz, que los huele como si vinieran de afuera. Este olor es tan necesario como las señales de sabor de la boca, porque así tienes una idea más completa del sabor de las comidas.

El olfato y el gusto pueden desencadenar recuerdos que te acompañan durante toda tu vida.

Nuestros cuerpos producen ciertos químicos cuando estamos asustados y de esa forma hacen que otros "huelan el miedo".

Tu nariz es importante en el gusto. Por eso cuando estás resfriado no sientes los sabores de la comida.

QUÉ SENSIBLE...

Tu sentido del tacto es muy importante. Sin él no te darías cuenta de que la hornilla de la estufa está peligrosamente caliente, o de que las espinas de una planta están muy afiladas y te pueden cortar, y tampoco notarías la agradable sensación del sol sobre la piel.

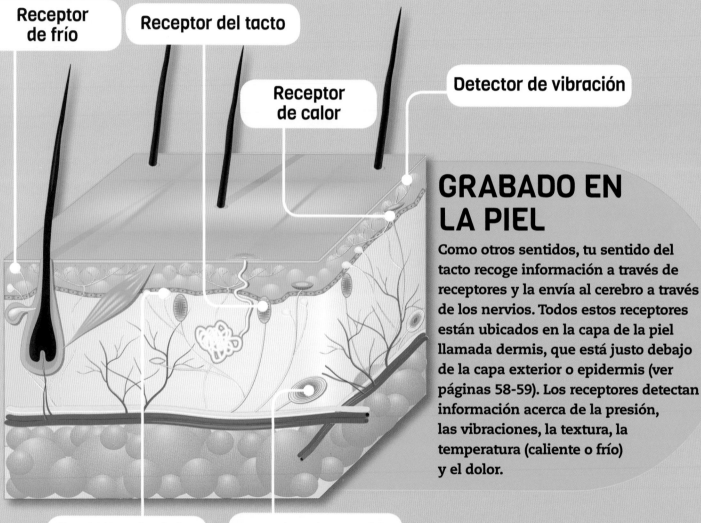

Receptor de frío

Receptor del tacto

Receptor de calor

Detector de vibración

Receptor de dolor

Receptor de presión

GRABADO EN LA PIEL

Como otros sentidos, tu sentido del tacto recoge información a través de receptores y la envía al cerebro a través de los nervios. Todos estos receptores están ubicados en la capa de la piel llamada dermis, que está justo debajo de la capa exterior o epidermis (ver páginas 58-59). Los receptores detectan información acerca de la presión, las vibraciones, la textura, la temperatura (caliente o frío) y el dolor.

NO TE RECALIENTES

Las señales acerca del calor viajan desde y hacia el cerebro en un instante. Si esto no fuera así, podrías quemarte gravemente. Toma solamente quince milisegundos (quince veces una milésima parte de un segundo) para que la información llegue al cerebro y un tiempo similar para que regrese. Ese tiempo suele ser suficiente para que alcances a quitar la mano de una estufa o una olla caliente.

DEMASIADO FRÍO

Los receptores del frío en las yemas de tus dedos reciben información cuando tocan un cubo de hielo. Esa sensación se convierte en una señal eléctrica que se envía a través de los nervios de la médula espinal y llega directamente al cerebro. Tu cerebro responde rápidamente y da instrucciones a las neuronas motoras que controlan los músculos de tus dedos: "Muy frío, no lo toques".

Los científicos afirman que el sentido del tacto se desarrolla desde la cabeza hacia los pies. Por eso, los bebés se llevan las cosas que no conocen a la boca.

PARTES SENSIBLES

Este extraño hombrecillo (derecha) es un mapa sensorial del cuerpo. Representa cómo se verían las partes del cuerpo si crecieran proporcionalmente al número de neuronas sensoriales que contienen. Las manos, los labios y la boca serían enormes porque están repletos de nervios sensores. Los brazos, las piernas y el tronco serían pequeños y delgados porque tienen menos receptores sensoriales.

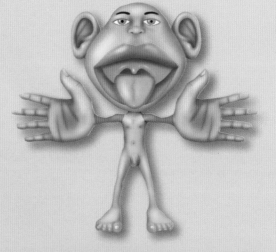

¡QUÉ DOLOR!

Imagínate lo que podría pasar si te paras sobre una puntilla o te doblas un tobillo sin sentir dolor. Podrías lesionarte seriamente si no reaccionaras al dolor. Por eso, tu cuerpo tiene receptores especiales que te avisan cuando algo te hace daño. Tu cuerpo tiene más de tres millones de receptores de dolor. Además de causar un dolor intenso para que te retires del peligro, también producen un dolor leve si tienes una herida o lesión. Ese dolor evita que uses esa parte del cuerpo para que así se pueda sanar.

CAMBIAR, DE OPINIÓN

Los seres humanos se adaptan con facilidad a las situaciones mental y físicamente. Es probable que puedas aprender a escribir con tu otra mano si llegaras a fracturarte el brazo de la mano con la que escribes. Los atletas paraolímpicos le demuestran al mundo entero que se pueden superar las discapacidades para practicar deportes. Se trata de encontrar la forma de sacarle el máximo a tu cuerpo, tu cerebro, tus sentidos y tu sistema nervioso.

Algunas personas ciegas pueden "ver" hacia dónde van emitiendo chasquidos y escuchando el eco que producen esos sonidos para calcular a qué distancia están los objetos. ¡Es el mismo método de los murciélagos!

Un esquiador con discapacidad visual tiene que confiar en su oído cuando se desliza montaña abajo. Escucha a su guía atentamente, además del resto de sonidos a su alrededor.

RECONECTAR EL CEREBRO

Las personas con baja visión pueden usar gafas o lentes para corregir la vista. Las ayudas auditivas mejoran el oído de quienes lo necesitan. Pero una persona completamente ciega o sorda a menudo utiliza sus otros sentidos como reemplazo del sentido que le hace falta. Los invidentes usan su sentido del tacto para leer deslizando sus yemas sobre los puntos en altorrelieve en la superficie de páginas escritas en braille. Las personas sordas aprenden a comunicarse leyendo los labios o a través del lenguaje de señas. Los científicos afirman que el cerebro renueva sus conexiones para que las áreas relacionadas con ese sentido faltante se activen.

¿CUÁL ES TU FUERTE?

Tu cerebro es flexible y se adapta a las situaciones, pero tiene fortalezas y debilidades. De hecho, las diferentes áreas de tu cerebro se dedican a labores específicas y cada individuo desarrolla algunas más que otras. Puedes ser excelente con los cálculos si tu lóbulo frontal es particularmente activo. O quizá prefieres las artes y las lenguas si tu lóbulo parietal está más desarrollado. Puedes ser muy bueno resolviendo complejos problemas de multiplicaciones. Otra persona puede ser brillante tocando el piano. Los científicos no dudan que algunas partes del cerebro se desarrollan más que otras.

Lóbulo frontal:
Razón, planeación, movimiento, emociones, resolución de problemas

Lóbulo parietal:
Lenguaje, tacto, presión, temperatura, dolor

Lóbulo occipital:
Vista

Lóbulo temporal:
Oído, gusto, sonido, memoria

Cerebelo

Médula espinal

DETRÁS DE CÁMARAS

Tu cuerpo tiene todo un sistema de funciones que se activan como un piloto automático. El sistema nervioso autónomo es el comando central de esas funciones. Sin que te des cuenta, este sistema de nervios controla tu respiración, tu ritmo cardiaco, tu digestión, la producción de saliva, el parpadeo, cuando tragas, cuánto sudas, si tienes que orinar, ¡y mucho más!

Disminuir la producción de saliva.

Aumentar el ritmo del corazón.

Menguar la digestión.

Reducir los mocos.

APOYO EXTRA

Tu sistema autónomo central toma decisiones veinticuatro horas al día. Funciona cuando necesitas activarte y cuando necesitas descansar. Por ejemplo, se necesita mucha energía para hacer la digestión de un alimento y también para huir de un perro furioso. Si las dos cosas suceden a la vez, tu sistema autónomo central decide cuál de las dos es más importante. Envía instrucciones a los músculos y las glándulas en impulsos eléctricos a través de las redes de neuronas de todo el cuerpo. Esta imagen muestra todo lo que el sistema autónomo hace mientras practicas un deporte.

Aumentar la producción de azúcar para obtener energía.

Apretar la vejiga.

Tus ojos parpadean automáticamente unas doce veces por minuto. Así que durante toda tu vida pasas 434 días de oscuridad debido al parpadeo.

LISTO PARA LA ACCIÓN

El sistema nervioso autónomo se activa cuando te enfrentas a una situación peligrosa o emocionante mediante la respuesta "lucha o huida" (página 82). Esto hace que tu corazón y pulmones trabajen más rápido para que estés más alerta y tengas más energía.

DESCANSAR Y DIGERIR

Cuando llega la calma, tu sistema digestivo necesita sangre rica en oxígeno para cumplir su función. Entonces el sistema autónomo central entra en modalidad "descansar y digerir". Tus músculos necesitan menos sangre así que las pulsaciones del corazón y la respiración se hacen más lentas.

EL CEREBRO EN EL INTESTINO

Una red de alrededor de 100 millones de neuronas pasan por el interior de tu sistema digestivo. Esta es una parte especial del sistema nervioso autónomo llamada sistema nervioso entérico. Aunque posee muchas menos neuronas que el cerebro, los científicos lo denominan a menudo el segundo cerebro o el cerebro del intestino. Su tarea es dirigir la digestión de los alimentos y decide qué hacer si detecta que algo puede hacerte daño. Así que si alguna vez has vomitado después de comer algo que no te sentó bien, debes agradecerle a tu segundo cerebro.

HORA DE DORMIR

Seguramente sabes que necesitas dormir durante la noche para estar alerta al siguiente día en el colegio y tener la mente despejada. Los científicos piensan que el sueño ayuda al cuerpo en muchas otras formas, a menudo inesperadas. Y a veces la única manera de darse cuenta de cuáles son estas formas es ver qué pasa cuando alguien deja de dormir lo suficiente…

CERRAR LOS OJOS

El sueño hace mucho más que recargar tus baterías. Tu cerebro pasa por cambios importantes mientras duermes. Por ejemplo, el sueño afecta la producción de una hormona que controla el crecimiento. Así que es probable que dormir bien te ayude a crecer a un ritmo normal.

El cerebro procesa información y te prepara para el siguiente día.

Se produce la hormona para el crecimiento normal.

La temperatura del cuerpo disminuye.

Se reduce la producción de saliva.

El ritmo cardiaco disminuye.

El cuerpo repara y reemplaza células.

Los músculos de la garganta se relajan.

NO DORMIR SUFICIENTE

Los científicos conocen muchos de los beneficios de dormir al estudiar a las personas que no duermen bien. Dormir poco aumenta la posibilidad de resfriarse y contraer otras infecciones. Es decir que el sueño tiene un efecto sobre el sistema inmunitario, que es el que combate las infecciones. Las personas que pasan muchos días sin dormir comienzan a estar confundidas. Parece que un tiempo adecuado de sueño es vital para que el cerebro funcione bien.

El comandante militar francés Napoleón Bonaparte pasaba días sin dormir y justo antes de una batalla dormía una corta siesta.

DULCES SUEÑOS

Solo sueñas durante una etapa llamada REM (*rapid eye movement* 'movimiento ocular rápido'), y esto sucede hasta cinco veces en una noche. Aparte de eso, nadie sabe por qué y cómo soñamos. En una época, se pensaba que los sueños predecían el futuro. Los científicos ya no creen eso, pero algunos consideran que los sueños ayudan a clasificar los recuerdos para mantener algunos y dejar ir otros.

EL CICLO DEL SUEÑO

Cuando duermes pasas por etapas diferentes. Estas etapas se conocen como el ciclo del sueño. Un ciclo dura en promedio 90 minutos, así que cuando se ha terminado la etapa REM, el ciclo comienza de nuevo.

Etapa 1

Estás medio despierto y medio dormido. Los músculos comienzan a relajarse.

Etapa 2

Sueño ligero, la temperatura del cuerpo disminuye, la respiración y el ritmo cardiaco se hacen más lentos.

Etapas 3 y 4

Sueño profundo, la respiración y el ritmo cardiaco son lo más lentos posible, los músculos están relajados, el tejido crece y se recupera, y se liberan hormonas.

Etapa 5

REM consiste en que los ojos y otras partes del cuerpo se activan. Aunque estás dormido, tu cerebro está activo y aparecen los sueños.

COMPUTADOR PERSONAL

¿Un computador poderoso es capaz de pensar de la misma forma que tu cerebro? El computador, sin duda, puede hacer muchos cálculos, pero nunca podría reemplazar tu cerebro porque no puede pensar ni sentir por su cuenta. Esa es la ventaja de tu mente: es cuestión de ser consciente.

PIENSA POR TI MISMO

Los científicos han estudiado el cerebro durante siglos, pero hay aún muchos misterios. Pueden ver cómo los impulsos eléctricos viajan de una neurona a otra y cómo ciertas partes del cerebro guían el movimiento, el habla, el lenguaje y las emociones. Es similar a observar el funcionamiento de un computador complejo, que también tiene muchos elementos especializados en tareas. Pero tu cerebro es mucho más que una máquina. Tú puedes decidir hacer cosas inesperadas, como aprender a planear en parapente o tocar el saxofón. Un computador no podría decidir algo así.

HERRAMIENTAS ÚTILES

La tecnología se desarrolla junto con la humanidad. Algunos computadores avanzados pueden ayudar a la gente a expresar los sentimientos y pensamientos. El científico Stephen Hawking utiliza un simulador de voz para reemplazar conexiones nerviosas que se han deteriorado a causa de su enfermedad. Pero incluso esta tecnología avanzada obedece las órdenes de la persona que opera el dispositivo.

En 1997 el campeón mundial de ajedrez Garry Kasparov perdió una partida contra un computador. Él acusó al computador de haber hecho trampa.

LÓGICA DIFUSA

Los computadores siguen indicaciones estrictas para dar una respuesta correcta, pero no son muy buenos para pensar imaginativamente. Si alguien te pregunta el significado de la palabra oso, puedes pensar en animales reales, en un dibujo animado, o en un oso de peluche. Un computador no es capaz de hacer eso.

DECISIONES CONSCIENTES

Los computadores no pueden reproducir lo que hace tu mente (esa mezcla de emociones, sentimientos y recuerdos es única). Tu mente es consciente de esa mezcla, es la responsable de esa conciencia, de tu manera de entender el mundo y el lugar que ocupas en él. Los computadores pueden programarse para tener conversaciones con las personas. Sin embargo, esto es solo una simulación, una copia de la realidad. El computador no es consciente de sí mismo y no piensa como una persona.

ACCIÓN
DEFENSIVA

¡Tu cuerpo es asombroso! Siempre está en guardia, listo para combatir ataques de gérmenes que causan enfermedades. Aunque estás rodeado por millones de estos gérmenes diariamente, tu cuerpo forma barreras para lidiar con ellos antes de que puedan hacerte daño.

Aun cuando los gérmenes pasen las barreras defensivas, tu cuerpo tiene muchas armas para la batalla. Esas armas hacen parte de tu sistema inmunitario y sirven para aislar y deshacerse de los invasores malignos. Una vez han vencido, saben cómo evadir ese tipo de ataque si vuelve a suceder.

Tus sistemas de defensa permanecen activos incluso después de haber lidiado con una infección o una herida. Es muy importante asegurarse de que te has sanado y recuperado completamente. Dejar el trabajo a medias te haría un blanco fácil.

La mayoría de los gérmenes que te hacen daño son bacterias, hongos, protozoos o virus.

Las bacterias son pequeñas criaturas unicelulares, están por todas partes e incluso dentro de ti. La mayoría de las bacterias no te pueden hacer daño y muchas hacen tareas útiles, como ayudarte a la digestión. Algunas sí son dañinas y pueden enfermarte.

Los protozoos son criaturas unicelulares; la mayoría son inofensivos, pero algunos causan enfermedades graves, como la malaria y la disentería.

Los hongos son los parientes enanos de los champiñones. Viven en lugares húmedos. El pie de atleta es una infección fúngica que puedes contraer si no te secas bien los pies.

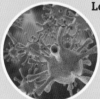

Los virus viven en las células de plantas y animales. Una vez están adentro, se apropian de la célula para reproducirse. En los humanos, los virus causan enfermedades, como los resfriados, la varicela y la influenza.

GUERRA CONTRA LOS GÉRMENES

Los gérmenes son organismos diminutos y dañinos. Existen muchos tipos y todos son tan pequeños que no se pueden ver a simple vista. Por eso, debes ser muy cuidadoso y protegerte de ellos. Tu cuerpo va a defenderse si estos gérmenes logran entrar, pero puedes ayudarle con estrategias que los mantienen a raya.

BUENA LIMPIEZA

Tu piel es la primera barrera de protección contra la mayoría de las infecciones. Pero es importante mantenerla limpia. Lavarte las manos minuciosamente ayuda a prevenir el contagio de gripa, resfriado, envenenamiento por comidas y muchas otras enfermedades. Un buen truco es cantar "Feliz cumpleaños" dos veces mientras te lavas las manos. Entonces habrás hecho un buen trabajo.

AL ACECHO

Puedes encontrarte con gérmenes en todas partes. Pueden estar en los alimentos que comes, en las manijas de las puertas o en los teclados de los computadores. Los gérmenes pueden estar incluso en el aire que respiras si alguien los esparce con la tos o un estornudo. Cuando comes, los gérmenes de las manos pueden llegar a la boca. También sobarte un ojo con un dedo sucio. Afortunadamente, tu cuerpo tiene muchas maneras de defenderse.

El nombre de la malaria viene del italiano y significa 'aire malo', porque en una época la gente pensaba que eso causaba la enfermedad.

ACTIVIDAD

Un apretón de manos puede esparcir gérmenes. Reúne a 10 amigos. Cubre un plato con escarcha y pídele a uno de tus amigos que ponga su palma encima. Él deberá darse la mano con otro amigo, y ese con otro, y así sucesivamente. Mira la mano de la última persona, ¿ves algo de escarcha?

¡NO PASARÁN!

Una de las maneras más comunes de ataque de gérmenes es a través de las heridas, como cortes y raspones. Si la capa protectora de tu piel ha sufrido un daño, los gérmenes tienen una vía directa para entrar a tu cuerpo. Por eso, es importante desinfectar la herida con un antiséptico y luego cubrirla mientras sana.

RESPUESTA RÁPIDA

Aunque tu piel te proteja y tú mantengas un buen aseo de tu cuerpo, los gérmenes pueden lograr entrar. Es entonces cuando tu sistema inmunitario comienza a defenderse. Es capaz de librarse de algunos gérmenes casi instantáneamente. Si logran entrar, tu cuerpo hace su mejor esfuerzo para mantener el daño reducido.

Nariz congestionada

Garganta adolorida

Fiebre

Dolor de las articulaciones

SUFRIR LOS SÍNTOMAS

Cuando te resfrías, comienzas por sentirte incómodo. Tu nariz se congestiona y comienzas a moquear. Quizá te duela la cabeza o las articulaciones y aumente tu temperatura. Estos síntomas son sinónimo de que tu sistema inmunitario está combatiendo el virus. El dolor en las articulaciones es la evidencia de una infección, pero también puede ser una alarma natural del cuerpo para pedirte que no te muevas mucho. Así tu cuerpo puede concentrarse en luchar contra la infección en lugar de proveerle energía a los músculos.

MOCO MAGNÍFICO

Tu nariz siempre está fabricando mocos pegajosos, incluso cuando estás sano. Los mocos evitan que la piel en el interior de tu nariz se seque y que muchos gérmenes entren al cuerpo y lo enfermen. Si tienes un resfriado, tu nariz trabaja aún más para combatir la infección. Los mocos se hacen más densos y más pegajosos. Por eso te gastas tantos pañuelos cuando te resfrías.

Área donde se producen los mocos

¡ACHÍS!

¿Sabías que un estornudo viaja a 160 kilómetros por hora? Un estornudo es la manera en que el cuerpo se libera de una irritación o un objeto molesto en la nariz o en la boca. Las señales pasan a través de los nervios a fin de ordenar a los músculos del diafragma, estómago, pecho y garganta que trabajen juntos para provocar un descarga de aire repentina. ¡Un solo estornudo puede evitar 100 000 gérmenes!

Doris Griffiths, una niña de 12 años, tuvo una racha de estornudos que se prolongó durante 978 días. ¡Se estima que estornudó un millón de veces!

DEBE SER ALGO QUE COMÍ

Los gérmenes a veces se introducen en el cuerpo a través de los alimentos y bebidas. Tu cuerpo reconoce a los invasores y trata de evadirlos lo más pronto posible. La manera más eficaz es vomitar. Quizá eso te haga sentir mal porque es una acción desagradable. ¡Pero luego te sentirás mucho mejor!

CONTRAATACAR

Aunque tu cuerpo te defienda contra gérmenes invasores evitando que entren al cuerpo, a veces estos son muy poderosos. Tu sistema inmunitario intenta entonces destruirlos. Tu cuerpo recuerda sus victorias para que estés más preparado en el futuro.

Las costras comienzan a formarse en menos de diez segundos después de que te has herido.

CÓDIGO ROJO

Tu sangre contiene células que combaten las infecciones. Imagina que te haces una herida y se infecta. En la superficie, las células llamadas plaquetas forman una costra para evitar que otros gérmenes entren. En el interior, los glóbulos blancos utilizan químicos especiales para digerir los gérmenes externos. Una vez han gastado toda su energía, los glóbulos mueren junto con los gérmenes que exterminaron.

SANGRE, SALIVA Y LÁGRIMAS

Las batallas del cuerpo se libran desde muchos frentes. No solo a través de cortes y heridas existe el riesgo de una infección. Tu cuerpo puede distinguir tipos de bacterias en la boca: algunos ayudan a la digestión y otros son intrusos. Tu saliva contiene químicos que pueden destruir las paredes externas de bacterias y virus. Tus lágrimas también contienen anticuerpos y pueden destruir gérmenes que atacan a los ojos.

RASTREAR Y DESTRUIR

Tu sangre contiene proteínas llamadas anticuerpos que identifican y destruyen gérmenes dañinos. En la imagen aparecen atacando a un germen. Los anticuerpos saben distinguir entre gérmenes peligrosos y bacterias útiles que tu cuerpo necesita. Los anticuerpos se pegan a los atacantes para destruirlos y los envían a células especiales que los digieren.

LOS ANTICUERPOS NO OLVIDAN

Cuando combate una infección, tu cuerpo usa un tipo de "memoria" que lo prepara para futuros conflictos. Una vez los anticuerpos han hecho su trabajo, ayudan a las células a recordar cómo son esos atacantes y cómo fueron destruidos. Si ese tipo de germen ataca de nuevo, tu cuerpo podrá responder más rápidamente. Por eso, si has contraído algunas enfermedades, como varicela o paperas, es muy raro que vuelvas a tenerlas.

SISTEMA LINFÁTICO

La sangre no es el único líquido que fluye por tu cuerpo. El sistema linfático recibe a menudo el nombre de "método de drenaje": el líquido que corre a través de este sistema, la linfa, contiene células que trabajan con firmeza para defenderte de las infecciones.

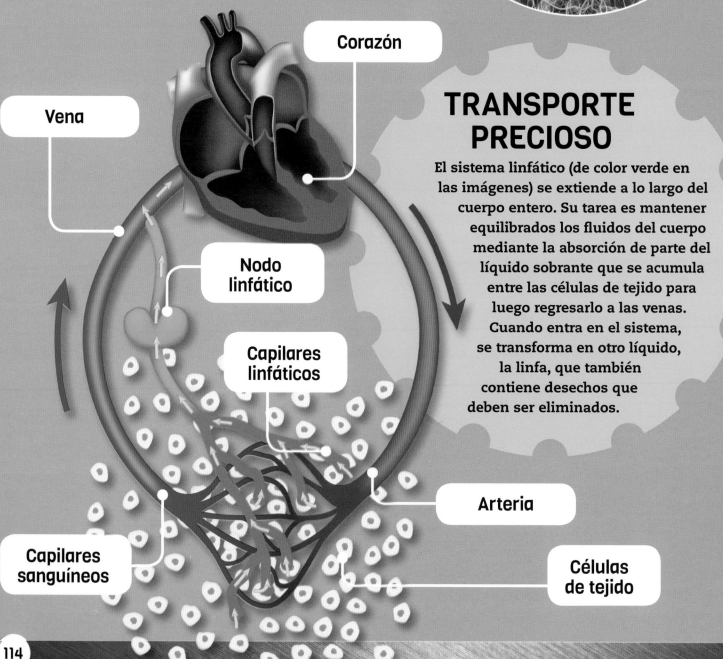

Corazón

Vena

Nodo linfático

Capilares linfáticos

Capilares sanguíneos

Arteria

Células de tejido

TRANSPORTE PRECIOSO

El sistema linfático (de color verde en las imágenes) se extiende a lo largo del cuerpo entero. Su tarea es mantener equilibrados los fluidos del cuerpo mediante la absorción de parte del líquido sobrante que se acumula entre las células de tejido para luego regresarlo a las venas. Cuando entra en el sistema, se transforma en otro líquido, la linfa, que también contiene desechos que deben ser eliminados.

GANGLIOS INFLAMADOS

Quizá has escuchado a alguien decir: "No me siento bien, mis ganglios están inflamados". Es probable que se refieran a los nodos linfáticos (algunas personas los llaman ganglios) que están en el cuello o las axilas. Estos nodos se inflaman cuando los glóbulos blancos están combatiendo una infección. Esa hinchazón no es una enfermedad en sí misma, al contrario, es una señal de que el cuerpo está defendiéndose.

CÉLULAS ASESINAS

Diferentes tipos de glóbulos blancos entablan guerras contra los invasores. Las células tipo B se activan cuando un atacante ha sido identificado. Luego se producen anticuerpos para combatirlos. Las células T a veces luchan contra células de tu propio cuerpo, si estas han sido alteradas por alguna infección. Las células NK o células nulas son aún más poderosas que las células T.

Las células NK o nulas revisan la proteína de cada célula que se encuentra y envenenan las que tengan un revestimiento desconocido.

Nodos linfáticos cervicales
(en la cara y cuello)

Ducto torácico
(recoge la linfa de todo el cuerpo)

Nodos axilares
(en las axilas)

COMBATIR UNA INFECCIÓN

El sistema linfático tiene otra labor importante que se conecta con tu sistema inmunitario. La linfa se mueve lentamente porque no es bombeada como la sangre. Tus músculos la aprietan y estrujan, y pasa a través de pequeñas masas de tejido llamadas nodos linfáticos. Estos contienen glóbulos blancos que identifican gérmenes dañinos y los destruyen. Otras células de glóbulos blancos producen anticuerpos que reconocen invasores.

Bazo
(gran nodo linfático que contiene glóbulos blancos que combaten infecciones)

Cisterna del quilo
(área receptora que filtra las grasas de los intestinos)

Nodos linfáticos inguinales
(en las piernas y la ingle)

CONTROL DE LA TEMPERATURA

Tu cuerpo necesita mantener la temperatura correcta para estar saludable. Es como un carro que funciona mal si hay mucho frío o se recalienta con demasiado calor. Afortunadamente hay varias maneras de reajustar la temperatura cuando se altera.

CALOR Y FRÍO

Tú sabes cuando tu cuerpo siente frío o calor porque los nervios envían señales al cerebro para advertirte. Esto es importante porque tu cuerpo necesita mantenerse a 37 °C para estar bien. El hipotálamo es muy sensible a los cambios de temperatura. Se acciona para que tu cuerpo esté siempre en la temperatura ideal.

Cuando hace frío...

- **Los vasos sanguíneos cercanos a la superficie de la piel se aprietan para que deje de pasar sangre a través de ellos. Esto puede hacerte ver pálido.**

- **Los pequeños pelos de la piel se yerguen porque buscan atrapar aire cálido sobre la piel.**

Cuando tiritas tu cuerpo utiliza energía almacenada en la grasa para que los músculos se activen.

¡ESCALOFRIANTE!

Una de las mejores herramientas de tu cuerpo para calentarse es tiritar. Tu cerebro envía mensajes a los músculos para que se sacudan. Ese movimiento libera calor. Tu mandíbula también puede sacudirse y hacer que los dientes castañeteen.

EL RANGO IDEAL

Existe una muy buena razón para que tu cuerpo se mantenga en la temperatura ideal. Tu cuerpo está llevando a cabo millones de reacciones químicas todo el tiempo para liberar energía, enviar mensajes o digerir comida. Esas reacciones químicas dependen de enzimas, unas proteínas especiales, para funcionar correctamente. Las enzimas comienzan a perder fuerza si la temperatura es muy alta o muy baja. Una vez sucede un cambio, todos los sistemas del cuerpo comienzan a fallar.

SUDAR

El sudor es la mejor forma de mantenerse fresco. Como el sudor es esencialmente agua, se evapora cuando entra en contacto con el aire. Las moléculas de agua pasan del estado líquido al gaseoso y se llevan parte del calor corporal cuando se separan del cuerpo. A menudo sudas cuando tienes fiebre, para compensar ese aumento de temperatura.

ACTIVIDAD FEBRIL

A menudo, cuando tu cuerpo está combatiendo una infección, aumenta la temperatura corporal. Si sube a más de 38°, tienes fiebre. El hipotálamo en el cerebro recibe la noticia de que estás combatiendo una infección, envía información para mantener el calor adentro y entonces tu temperatura aumenta. La fiebre no es suficiente para combatir gérmenes, aunque destruye algunos, y no es un aumento de temperatura tan alto como para destruir las enzimas.

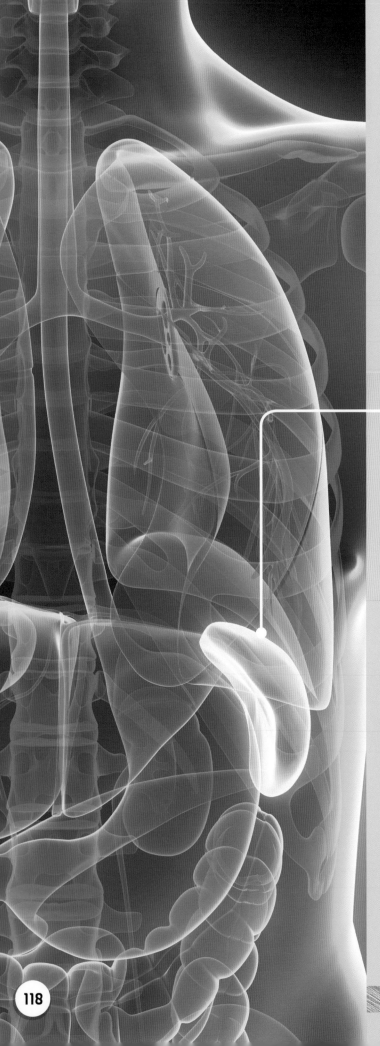

SUPER-ÓRGANOS

Además de sus funciones principales, muchos de los órganos de tu cuerpo tienen trabajos de más. Tu bazo, por ejemplo, filtra la sangre, pero también hace equipo con el sistema linfático para cazar gérmenes. Y este no es el único órgano con doble e incluso triple labor.

FILTRAR Y LUCHAR

Tu bazo es un órgano del tamaño de la palma de la mano de un adulto. Está ubicado en la parte alta de tu abdomen detrás del estómago. Su trabajo principal es filtrar los glóbulos rojos, eliminar aquellos que no están funcionando bien y reciclar el hierro que contienen. Y además, tu sistema inmunitario depende en gran parte del trabajo del bazo.

DEFENSOR DE LA SANGRE

El bazo también hace parte del sistema linfático. Trabajar para la sangre y la linfa tiene muchas ventajas. Algunos glóbulos blancos especiales llamados macrófagos rodean las células muertas que han sido filtradas de la sangre y las sacan del medio. Hacen lo mismo con los gérmenes invasores. Si una bacteria dañina o virus entra flotando, el bazo produce glóbulos blancos defensores llamados linfocitos. Son células que producen anticuerpos y luchan contra los gérmenes.

LÁGRIMAS: DOBLE FUNCIÓN

Tus lágrimas hacen más que lavar tus ojos. Contienen una enzima poderosa llamada lisozima, que ataca bacterias invasoras. Esta enzima destruye las paredes de la bacteria para que salgan en la lágrima como tal. También hay lisozima en la saliva, los mocos e incluso la leche materna.

MEGA-HÍGADO

Tu hígado realiza unas 500 labores (páginas 80-81). La mayoría de sus tareas tienen que ver con fabricar y almacenar energía de los alimentos, limpiar la sangre y digerir las grasas. Pero también te ayuda a recuperarte de las enfermedades. El hígado recibe los componentes importantes de las medicinas que tomas. Luego las envía donde son necesarias. También ayuda a detener un sangrado porque coagula la sangre.

La bilis se produce en el bazo y es amarga. Los antiguos griegos asociaban la bilis a las personas de temperamento amargado y rabioso.

HUESOS BRILLANTES

La parte esponjosa en el interior de los huesos se llama médula y es una fábrica de las células de la sangre. Su oficio más conocido es la producción de glóbulos rojos que transportan oxígeno y nutrientes a lo largo y ancho del cuerpo (páginas 68-69). Pero también fabrica glóbulos blancos y plaquetas, vitales para el sistema inmunitario.

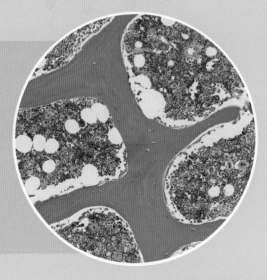

TRABAJO EN EQUIPO

Si te encuentras en una situación peligrosa junto con un grupo de personas, lo más inteligente es ayudarse entre todos. Sucede lo mismo con los órganos y sistemas de tu cuerpo. Todos trabajan juntos como un gran equipo para que todo funcione perfectamente. Si una parte del cuerpo no puede trabajar bien, las otras se activan para ayudar.

COMPAÑEROS

Tu sistema inmunitario necesita de otros sistemas para trabajar. Un aliado importante es el sistema que fabrica hormonas (páginas 82-83). Algunas de estas hormonas deciden qué tan sensible es el sistema inmunitario y qué tanto debe esforzarse en su trabajo. Las hormonas instruyen partes del cuerpo mediante señales químicas. Las células y tejidos de tu cuerpo responden a estos cambios químicos. Las reacciones químicas producen cambios físicos: los vasos sanguíneos se ensanchan o se hacen más angostos, los músculos se contraen y aumenta el número de células para formar una costra en una herida.

¡Las glándulas sudoríparas de tus pies producen unos 500 ml de sudor al día!

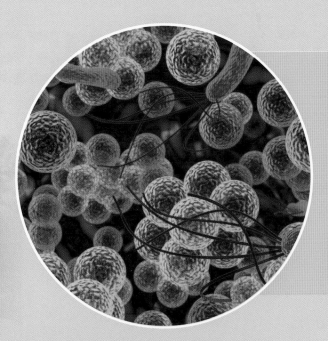

BACTERIAS BUENAS

Uno de los defensores más feroces de tu cuerpo son las bacterias. De hecho, estas "bacterias buenas" son mayoría en comparación con las bacterias nocivas. Muchas de las buenas viven en tus intestinos y están siempre listas para destruir intrusos peligrosos. Otras bacterias útiles alertan al resto del sistema inmunitario sobre invasiones.

AYUDARSE ENTRE SÍ

Los órganos y sistemas forman equipos para ayudarse entre sí cuando están débiles o perjudicados. Aunque el bazo desempeña un papel importante en el sistema inmunitario, puedes sobrevivir sin él: otros órganos reemplazarían su trabajo. Tu hígado haría la filtración de la sangre y el sistema linfático produciría más glóbulos blancos para atacar los gérmenes invasores.

LISTOS PARA COMER

Imagina que estás viendo y oliendo unos pasteles deliciosos. Tus ojos envían información de lo que esperas, y tu nariz envía señales del buen sabor que deben tener. Toda esa información viaja hasta el cerebro y hace que tu boca comience a salivar. La saliva es importante para digerir la comida (páginas 26-27) y también contiene una enzima que destruye bacterias nocivas que pueden estar en la comida. Así que no solo estás preparado para darte un gusto, tu cuerpo te está protegiendo de cualquier ataque externo.

SUDOR FRÍO

El sudor también participa en el equipo defensivo. El cerebro reconoce una situación estresante y le ordena a la glándula suprarrenal que libere endorfina (páginas 82-83) que te hace sudar. El sudor hace que tu cuerpo se ponga resbaloso y, por eso, sería más difícil para un predador sujetarte. El sudor también tiene propiedades antibacteriales que te protegen contra gérmenes.

TEMPORADA DE LESIONES

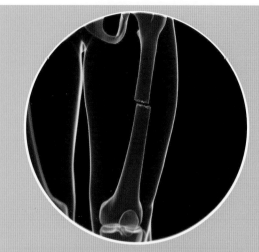

Si alguna vez te has caído y te has roto un brazo, o quizá te has torcido un tobillo mientras estabas corriendo o simplemente te has cortado con una hoja de papel, sabrás que la lesión no dura para siempre. Tu cuerpo tiene herramientas para curarse y ayudarte en la recuperación.

SANA QUE SANA

Tus huesos pueden ser fuertes y flexibles, pero se pueden romper. Son como lápices de madera o como ramas que se pueden doblar y doblar hasta que... ¡se quiebran! Una fisura o rotura en el hueso se denomina fractura. Lo primero que sientes cuando esto sucede es un dolor agudo. Duele tanto que probablemente no intentes mover esa parte porque eso sería peor.

REPARACIÓN

Cuando te partes un hueso, las células de la sangre se acumulan alrededor de la fractura. Ciertas células especiales limpian las partes de hueso que se hayan soltado y eliminan los gérmenes. Durante las siguientes semanas, un tejido suave comienza a crecer sobre la rotura. Diferentes células llamadas osteoblastos fabrican hueso para hacer un recubrimiento duro. Otras células llamadas osteoclastos limpian el hueso extra que se ha formado sobre la fractura. Este proceso continúa hasta que el hueso recobra su forma original.

RAYOS X

Los médicos pueden tomar fotos de tus huesos para ver si tienes una fractura. Los rayos X son un tipo de radiación que traspasa tu cuerpo. Los rayos X se absorben en los tejidos blandos como la piel y los músculos, y en sustancias más fuertes como los huesos. En una radiografía, los huesos resplandecen claramente en blanco de igual forma que una luz atraviesa la niebla y captura la forma de una persona o un carro.

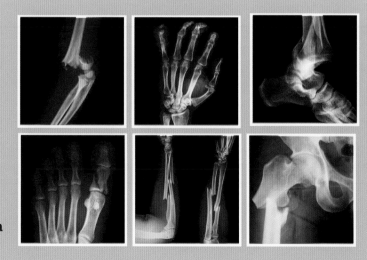

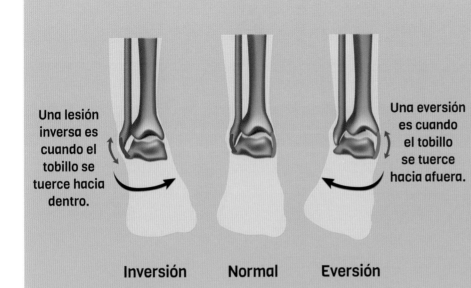

Una lesión inversa es cuando el tobillo se tuerce hacia dentro.

Una eversión es cuando el tobillo se tuerce hacia afuera.

Inversión   **Normal**   **Eversión**

ESGUINCES

Así como sucede con los huesos, puedes hacerte daño en tus músculos y ligamentos. Si estiras un músculo demasiado, te causas un esguince. Las lesiones musculares son comunes también en el cuello y la espalda. Si los ligamentos se estiran demasiado y se desgarran, la lesión es un esguince grave. Es recurrente sufrir un esguince en el tobillo porque basta con pararse sobre un terreno desigual.

CHICHONES Y MORETONES

Si te das un golpe, es probable que te salga un moretón que se forma debido a que pequeños vasos sanguíneos se rompen cuando te golpeas y se derraman en el tejido cercano. Una lesión de este tipo cerca de un ojo hará que la piel alrededor se ponga morada o negra.

QUEMADURAS SOLARES

La radiación de los rayos solares es buena para el cuerpo solo en dosis pequeñas. Una mayor cantidad puede destruir las células de las capas más externas de la piel. Esto ocasiona ardor. Tu sistema inmunitario responde abriendo los vasos sanguíneos para enviar glóbulos blancos sanadores. Este flujo de sangre hace que la piel se vea roja y se sienta caliente. Para evitar las quemaduras solares, debes aplicarte siempre protector solar sobre la piel porque así se bloquean parte de las radiaciones nocivas del sol.

AYUDA EXTERNA

Tu cuerpo es asombroso cuando se trata de combatir enfermedades y sanarse cuando se ha lesionado. Pero, en ocasiones, necesita un refuerzo para poder hacer su trabajo. Médicos, enfermeras y otros profesionales de la medicina tienen herramientas y técnicas que te ayudan a estar mejor o que evitan que te enfermes. Es un hecho que la prevención es la mejor cura.

VACUNAS

Cuando eras bebé, probablemente te vacunaron contra una serie de enfermedades, pero eras muy joven para recordarlo. Las vacunas son generalmente una inyección que casi no duele. Usa los anticuerpos de tu propio cuerpo para evitar que te contagies con enfermedades graves. Una vacuna contiene una versión suave de la enfermedad. Es muy débil para hacerte sentir mal, pero lo suficientemente fuerte para lograr que tu cuerpo se defienda.

Una de las características más interesantes de los anticuerpos es la "memoria" (página 113). Ellos crean registros químicos de las enfermedades que han vencido y de cómo lo hicieron. Si te expones a esa enfermedad de nuevo, incluso en su versión poderosa, tu cuerpo recupera la información para que no sea dañina.

PROTECCIÓN DE LOS HUESOS

Aunque tu cuerpo es capaz de curar un hueso roto, el proceso es largo. Las partes del hueso que se han separado deben ser alineadas para que sanen en la posición correcta. Una vez logrado eso, es probable que tengas que usar un yeso, que consiste en un recubrimiento duro que mantiene los huesos en su lugar.

ALGUNAS PUNTADAS

Si te has cortado profundamente, quizá necesites que te cosan la herida. Coser los extremos de piel a cada lado del corte evita que la herida siga sangrando, que entren gérmenes y deja que el cuerpo sane mejor. La mayoría de los hilos con los que se cosen las heridas se disuelven una vez han cumplido su tarea.

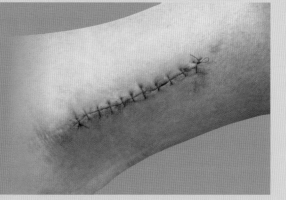

EL CAMINO DE LA VIDA

En el pasado, las personas que nacían sin miembros o los perdían en un accidente tenían que sobrevivir así o usar sustitutos de madera muy básicos. La tecnología moderna ha revolucionado el reemplazo de miembros o prótesis. Muchas personas ahora tienen la posibilidad de escribir en un teclado, sostener un lápiz, pararse, correr y esquiar. Algunos miembros artificiales modernos pueden controlarse con la mente para que obedezcan los comandos de la persona.

Hace doscientos años, la viruela vacuna, una enfermedad similar a la viruela pero más débil, se utilizó en las primeras vacunas. Algunas personas temían que los pacientes se convirtieran en vacas.

ACTIVIDAD

Intenta construir una mano artificial a partir de un objeto. Utiliza un par de pinzas para probar qué tan efectivos son: una pelota de tenis, una piedrita y una moneda. ¿Se te ocurren ideas para hacer que tu "mano" funcione mejor?

GLOSARIO

ADN: abreviatura de ácido desoxirribonucleico, el químico que constituye los genes. Los progenitores transmiten partes de su ADN a sus hijos, y algunos de sus rasgos, como la altura o el color del pelo, se heredan.

aminoácido: nutriente esencial que contiene varios elementos químicos.

anticuerpo: proteína producida por el cuerpo para atacar y destruir invasores, como las bacterias.

arteria: uno de los vasos principales que transporta sangre del corazón hacia otras partes del cuerpo.

átomo: la partícula más pequeña de un elemento químico.

bacteria: diminutos organismos unicelulares.

caloría: unidad de medida de la energía contenida en los alimentos.

capilar: la parte más delgada de los vasos sanguíneos del cuerpo.

carbohidrato: tipo de azúcar fabricado por las plantas que el cuerpo utiliza para almacenar energía.

cardíaco: relacionado con el corazón.

cartílago: tejido conector resistente ubicado principalmente en las articulaciones.

célula: la unidad fundamental de plantas y animales. Cada célula tiene un núcleo y está rodeada por una membrana.

digestión: el proceso de deshacer la comida en el cuerpo para liberar los nutrientes esenciales.

elemento: una sustancia que no se puede descomponer en sustancias más pequeñas.

energía: el poder de activarse y realizar labores.

enzima: una proteína especial que ayuda a que las reacciones químicas ocurran.

esperma: célula reproductiva masculina que se combina con una femenina (óvulo) para producir un bebé.

folículo: cavidad en forma de tubo que contiene la raíz del pelo.

gen: una combinación de químicos que contiene la información sobre la contextura y el comportamiento de un organismo.

grasa: sustancia química que el cuerpo produce para almacenar energía. Se guarda en células bajo la piel y alrededor de los órganos.

hongos: pequeños organismos que conforman un reino al que pertenecen las levaduras y los champiñones.

hormona: un químico que ayuda a regular procesos, como la reproducción y el crecimiento.

ligamento: una banda de tejido fuerte que conecta los extremos de los huesos y sostiene los órganos en su lugar.

lóbulo: una de las divisiones del cerebro que se concentra en ciertas actividades, como la vista, la memoria y las emociones.

médula: tejido suave en la sección interna de los huesos encargada de producir las células de la sangre.

 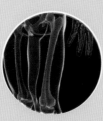  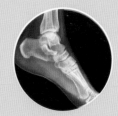

médula espinal: reunión de nervios que surgen del cerebro y llegan hasta el final de la columna. Estos nervios se ramifican y recorren el resto del cuerpo.

membrana: capa delgada y flexible que rodea los órganos o las células.

metabolismo: procesos químicos que realiza la célula para extraer energía de los alimentos, eliminar los desechos y curarse.

mineral: sustancia química, como el hierro, muy importante para el cuerpo y que este no puede producir por sí mismo.

molécula: unidad mínima de una sustancia y que se comporta como tal. Una molécula está hecha de dos o más átomos.

neurona: célula básica del sistema nervioso.

nutriente: cualquiera de las sustancias que necesita el cuerpo para obtener energía y crecer.

órgano: reunión de células que trabajan conjuntamente para llevar a cabo una función específica.

orgánulo: componente de una célula dedicado a una sola función.

plasma: fluido que transporta los diferentes tipos de células de la sangre a través del cuerpo.

plaqueta: célula de la sangre que ayuda a sanar al asociarse con más plaquetas y detectar un vaso sanguíneo herido. Las plaquetas secan la herida y forman costras.

proteína: una de las moléculas más importantes del cuerpo, las proteínas son necesarias para fortalecer y reemplazar tejidos corporales. Los músculos y muchos órganos están hechos de proteínas.

protozoo: organismo pequeño unicelular que suele vivir en agua o tierra.

REM: por sus siglas en inglés significa "movimiento rápido de los ojos". Constituye una de las etapas del ciclo del sueño durante la cual es más probable que aparezcan los sueños.

sistema inmunitario: una red de órganos, químicos y células especializadas que protegen el cuerpo contra las enfermedades.

sistema linfático: red de tubos delgados similares a los vasos sanguíneos, que transportan células que combaten las infecciones y transportan un líquido (linfa) que se encarga de llevarse las células muertas.

tendón: tejido resistente que conecta los músculos a los huesos.

tejido: asociación de células de aspecto y función similares.

tímpano: membrana delgada que separa el oído externo del oído medio. Transmite los sonidos del aire a los pequeños huesos del oído interno.

vena: uno de los vasos principales transporta sangre de las diferentes partes del cuerpo al corazón.

virus: organismo diminuto que no puede crecer ni reproducirse a menos de estar en el interior de una célula de otro organismo.

vitamina: sustancia natural que contienen los alimentos y que el cuerpo humano no puede producir por sí mismo. Es necesaria para mantener la buena salud.

ÍNDICE